一二八
淞滬自衛作戰史料

Historical Documents on Shanghai Incident

1932

導讀

李君山

國立中興大學歷史學系副教授

　　「一二八」淞滬抗戰係 1932 年 1 月 28 日，日軍進攻國軍駐守上海的第十九路軍所引發。由於戰場各項條件多有利於當時的南京國民政府，使得日軍遭到了意料之外的堅強抵抗。尤其上海地屬十里洋場，英美經濟權益所關，因此列強積極進行斡旋及調停的努力，以致整個作戰過程，形成「打打談談」的交互作用與複雜內幕。期間日軍 4 次增兵，國軍也在 2 月初陸續投入第八十七師和第八十八師，合組成為第五軍，以支援第十九路軍作戰。雙方鏖戰至 3 月 3 日，因日軍自瀏河鎮一帶登陸，抾擊國軍後背，守軍始撤出上海市區。之後 5 月 5 日，由英美居間，中日雙方達成《上海停戰協定》，事變終於告一段落。

　　因此本書《一二八淞滬自衛作戰史料》共分兩部，第一部係為「史料」彙編，第二部則為親歷者的記載。史料彙編收錄 13 件檔案，篇幅長短不一，最重要者為第 1 件「國民政府淞滬自衛作戰經過報告書」，是為國府呈送 1932 年 4 月召開的「國難會議」之總結報告，內容反映了國府第一時間的官方說法。特別是關於當局曾否盡力援助第十九路軍抗戰，始終是戰時戰後的爭執焦點。在報告中，當局強調了包括上官雲相、胡宗

南、蔣鼎文等部隊，都曾奉命赴援，唯因各項牽制，
未能成行。

　　此外，史料呈現中央軍（即第五軍）的參戰經過，
包括國民政府軍事委員會委員長蔣介石致第五軍勉勵電
文、第五軍軍長張治中所擬「第五軍戰鬥要報」、第
八十七師第二五九旅旅長孫元良所擬「第八十七師第
二五九旅戰鬥詳報」、第八十八師師長俞濟時所擬「第
八十八師戰役經過概要」、「第八十八師作戰陣傷官佐
名冊」等，都屬能夠明確釐清「國民政府不抗日」、
「國民政府中央軍不投入淞滬戰場」等謊言流語的第一
手史料。

　　前已述及，「一二八」淞滬抗戰在中日雙方一定
的「默契」之下，凸顯了「打打談談」的特徵。大致
1932 年 3 月 3 日以前，係以「打」為主，國軍堅守上
海市區，來爭取列強同情及國際觀瞻；面對戰事擴大的
危機，則控制援軍流量，以保守「有限戰爭」的規模。
3 月 3 日以後，第十九路軍與第五軍退出市區，日軍也
相應停止追擊，事變重點轉而以「談」為主，希望在英
美的主持之下，可以爭取到光榮的停戰條件。

　　所以 3 月以後，一方面國軍增厚兵力、嚴陣以待。
蔣介石發表「上海戰事的認識其及教訓」，勉勵援軍；
擬定「京滬路方面第二期抵抗作戰方案」，以防不測；
並編有「第四十七師作戰部隊位置表」，佈置上官雲相
第四十七師，以策萬全。另一方面，《停戰協定》談判
則快馬加鞭，以求危機儘速落幕。本書收錄當時主談的
代表郭泰祺有關「三月十九日停戰會議情形」、「三月

二十八日停戰會議情形」及「四月七日停戰會議情形」
等3封電報，與最後5月5日《上海停戰協定》的中英
日文對照版本，相信對於目前的研究者，將有莫大的助
益和便利。

第二部親歷者的記載，則收錄《王禮錫戰時日記
1932》相關內容。該篇係摘自前國民政府立法委員王
禮錫（1901-1939）生前所遺留的手記。起自1932年
1月29日，迄至同年3月4日。內容主要記載有關
「一二八」事變，以及該段期間之社會百態。王早年與
當時防守上海的第十九路軍精神領袖陳銘樞相熟，和陳
所主持的「神州國光社」關係甚深，立場中間偏左，
主要往來均為日後「閩變」相關人物，如胡秋原、梅
龔彬等。

王禮錫交遊廣闊，「一二八」時在上海與施存統等
人組織「著作者抗日會」，會中網羅了「左聯」方面的
丁玲，「托派」方面的嚴靈峯、高語罕，左派人士王亞
南、戈公振等人。王手記了當時在滬各界文人和知識分
子的想法與活動，以及自己對於中共「保衛無產階級祖
國」、一味關注罷工等錯誤的不以為然。另外，包括復
旦、馮庸等大學生義勇軍的表現，田漢私生活，乃至陸
小曼前夫王賡被捕「獻圖」等市井傳說，都有述及。

編輯凡例

一、本書原件為俗體字、異體字者,改為正體字;無法
　　辨識或漏字者,則改以符號□表示。

二、書中排版格式採用橫排,惟原文中提及如左如右等
　　文字皆不予更改。

三、若有未盡之處,敬祈方家指正。

目　錄

第一部　史料

（一）國民政府淞滬自衛作戰經過報告書

呈送國難會議

其一　作戰初期之狀況

　　自日人搆釁，東北淪陷，我國民既憤強鄰之欺壓，復激於愛國之天良，倡行抵貨，海內風從。不數月間，日之經濟大受影響，乃不惜濫啟兵端，破壞和平，其野心軍人，復憑恃武力，侈言十二小時可以底定上海，肆其暴力犯我防區，遂有一二八之事變。

　　當二十一年一月下旬，我國在上海之守兵僅十九路軍之一旅，要塞陳舊，飛機、軍艦更視日不及什百之一，惟以保衛國土軍人天職，橫逆之來，義無反顧。及一月二十八日之夜，日本海軍陸戰隊突以奇襲手段，向我閘北防地攻犯，乃令前方部隊盡力抵禦，一面調集衛戍京滬路線京鎮、蘇常及崑山、南翔各地之第十九路沈、毛、區等師，全部向淞滬附近地區推進，並將派往上海之憲兵團撥歸第十九路指揮，以資策應，交綏以還，日之甲兵雖利，而我軍守土有責，人懷必死之心，雖一再進攻均經擊退，乃其野心不戢，仍紛紛運械增兵，繼續使用此種暴力政策，愈演愈烈者，無非欲威脅我政府使屈服於喪權辱國條件之下，然我政府受國民付托之重，豈威武所能屈，同時首都及長江上下游各城市亦有日本軍艦到處挑釁，政府為自由行使職權，不受暴力脅迫起見，乃移駐洛陽辦公，並劃分全國海岸為四個

防衛區，黃河以北為第一區，以張學良、徐永昌為正副司令長官，黃河長江間為第二區，以蔣中正、韓復榘為正副司令長官，蘇省南部及浙、閩兩省為第三區，以何應欽、陳銘樞為正副司令長官，兩廣為第四區，以陳濟棠、白崇禧為正副司令長官，令即統率駐軍擔任區內防務，以資捍衛。

　　日軍之進攻雖一再敗衄，而不知悔禍。二月初間始則以巨砲、飛機、鐵甲車，向我閘北陣地猛攻，不濟，則集陸海空軍之力以轟炸吳淞要塞，其使用巨艦達四、五十艘，飛機百有餘架，而對我天通庵、虹口一帶陣地所發砲彈，每日竟不下二千餘發之多，戰況異常激烈，均經我軍沉著應戰，奮勇擊退並沉毀其軍艦數隻，擊落奪獲飛機、裝甲車多架，其志終未得逞，乃更由本國調派大部陸軍前來增援。我方以日之援兵源源而來，事態必將益趨擴大，乃飛調杭州等處之第八十八師限二月五日集中蘇州、崑山，並令歸德一帶之第八十七師回駐南京以資戒備。二月六日，日本久留米第十二師團之混成旅約九千人到滬，隨帶重砲、唐克車極多，將擬大舉攻淞，乃令第八十八師開往南翔為十九路軍之預備隊，而以在京第八十七師之宋旅開往崑山聲援，嗣日軍猛攻，吳淞要塞激戰正烈，南北砲台之大砲被其損壞無餘，惟賴步兵與之相持。又聞日派植田為指揮官，統率第九師團全部約一萬三千餘人將次來滬，並有由瀏河攻我側背之企圖，遂以張治中為第五軍軍長，指揮第八十七、第八十八兩師，並率軍官學校之教導總隊、砲兵學校之山野砲隊，及軍政部之地雷隊、鐵道砲隊等星夜馳赴前方

增援，統歸十九路軍蔣總指揮光鼐指揮，一面復向豫、
贛等省抽調胡宗南、蔣鼎文、上官雲相各師及十四軍全
部與戴岳旅等，迅即分道馳援準備策應。

斯時南京自日艦一度砲擊，人心頗為惶惶，八十七
師餘部又復開滬，所餘僅少數憲兵防務，益形空虛，惟
以滬上情形吃緊，不得不先其所急，乃各處援師自二月
初開始徵調，均因防務牽制，開動稽遲。如所調豫省
之胡師，既因擔任鄭汴間護路警備任務，其獨立旅及第
三、第四兩團又遠在桐柏、上蔡兩處圍剿股匪，一時未
能集結，而原駐蚌埠集結較速之上官師，則因駐京日領
宣言我方軍隊南來足以使事態擴大，倘再有此等情事，
須向渡江部隊砲擊等語。此種無理要挾原可不理，然為
避免衝突自亦不無顧忌。其所調贛省之蔣師及十四軍等
部，則不惟正在圍剿赤匪難於撤防，且徵調之令朝發，
挽留之電夕至，既責政府委棄贛人，並餵剜不可剜之
肉，以補不能補之瘡，恐肉雖剜而瘡莫補，函電不足，
繼以請願代表紛馳，報章騰載，當時繳調之阻難，概可
想見。惟是豫、贛兩處之援軍，既均不能速集，而增援
又勢不可緩，無已乃令江北梁部第三十一軍抽派一部，
由江陰渡江警備京滬路線，然旋接復電，以所任海州、
南通、揚州一帶防務，即現有兵力尚覺不敷分配，設再
抽調，防區更形散漫，恐致遺誤戎機等語。所陳雖係實
情，而調遣乃愈不應手，嗣不得已一面仍力促胡宗南、
上官雲相兩師迅即設法分批秘密渡江，一面電贛無論如
何困難，應先抽調蔣鼎文師全部，星夜經浙開滬，猶恐
緩不濟急。又令調財政部之稅警旅赴滬應援，並趕將各

校訓練用之火砲及庫存械彈儘量向前補充，令就現有兵力佈防，而以工兵訓練處之學員，前往南翔、崑山附近構築預備陣地以固後方，而作持久抗戰之準備。

自一二八以來，日本飛機於閘北、真茹、吳淞等處異常活動，爆擊轟炸無虛日，我軍乃將派往南昌、吉安一帶剿匪之飛機悉數令調回京，俾陸空連合捍禦。適值連日雨雪，機場泥濘未能起航，且我飛機之數量較日不及十之一，勢難與相抗衡，只可以飄忽不定，出沒無常之方法向其襲擊，使敵猝不及防，而我戰鬥飛機之飛航時間，至多不逾三小時，若自京往滬，不第途程遙遠，駕駛疲勞，作戰難期得力，設奮戰時間稍久，油量告竭，尤有被迫降落之虞，必須於上海附近設置機場，先至該處補給後始能從容作戰。旋以前方盼之甚切，乃不顧利害，於二月六日決令飛機兩隊冒險至滬助戰，甫抵虹橋附近，即為日飛機六十餘架所圍攻，我軍於空中奮勇衝突，激戰頗烈，卒擊落日機三架而還，我僅傷航員一人，損毀一機，乃係起飛過急，致遭墜落。嗣即開赴杭州，時檄調粵省之飛機一隊，經湘、贛兼程前來協助，屢派小隊飛機赴滬襲攻，日機雖眾，頗受狙擊，後日本第九師團抵滬，續來陸海軍飛機愈多，蘇州所設之機場既為所毀。二十二日我飛機隊，復與日機遭遇於蘇州附近，激戰多時，日機已被擊退，不意我軍之一機，追逐過猛，致為所乘，竟被擊落。二十六日日軍又以大隊飛機至杭爆擊筧橋機場，我警戒機首先發覺，起飛應戰，其餘各機亦均接踵冒盛熾之機關槍火，不顧損害，紛紛起飛迎敵，酣戰半小時敵機敗退，我軍追逐擊落日

機一架於杭州灣，我軍亦傷航員二人，至是蘇杭兩處之機場既均損壞，日機勢優殊難支持，乃將飛機隊令調他處，以便相機進擊。

當我軍調遣援兵之際，適日本亦以海軍陸戰隊屢戰失利，其久留米混成旅復攻吳淞不下，損失甚鉅，退守待援，遂雙方相持，暫入岑寂狀態。迨植田率第九師團抵滬，竟詭稱係為上海和平而來，乃因英國公使之介於二月十八日，約集雙方在滬之最高司令部參謀長會商和平辦法，不意日軍非徒毫無誠意，其植田司令且向我十九路軍蔡軍長提出限二十日撤退，限二十啟羅米突，並撤除吳淞要塞軍備之通牒，此種無理要求，我國自難承認，於是彼我兩軍之主力遂於二十日開始激烈之戰鬥矣。

其二　激戰之經過及休戰

日本植田師團長之通牒，既極強橫無理，我軍當即嚴行拒絕。二月二十日午前八時，淞滬一帶遂復開始激戰，是時我軍之配備，以十九路軍為右翼軍佔領江灣鎮至閘北一帶，由蔡軍長廷楷指揮之，以第五軍為左翼軍佔領江灣、廟行鎮互於蘊藻濱、吳淞附近之線，由張軍長治中指揮之，而以七十八師之翁旅守備吳淞要塞，軍官學校教導總隊警戒川沙口、瀏河口、楊林口、七了口一帶江岸，均各控置有力豫備隊於後方以備支援。日軍之攻擊，則以江灣至廟行鎮一帶地區地勢平衍利於野戰，故以第九師團之主力向該點猛攻，欲圖中央突破，而以其餘部隊分向吳淞、閘北攻擊牽制我軍，其重砲數

十門、飛機、唐克車各二、三十架,自二十日晨先向我
八字橋、江灣、小場廟及廟行鎮一帶第八十八師及六十
師陣地猛力轟擊,並以軍艦四十餘艘,飛機多架向吳淞
要塞進攻,步兵則借砲火飛機之掩護,竭力進迫,我軍
奮勇迎擊,戰鬥至為激烈,入夜後日軍攻擊益力,我亦
再接再厲,每俟其接近以手榴彈拋擲之,故其傷亡枕
藉。激戰兩晝夜,其志終未得逞。至二十二日日軍更採
重疊配備,以萬餘人之兵力,前仆後繼向八十八師廟行
鎮、江灣一帶陣地猛攻,其重砲兵及飛機、唐克車亦向
該處集中火力,致我陣乃全被炸毀。同時八十八師之錢
旅長體倫及團、營長多人又傷亡迭出,江灣附近之第
十九路軍第六十師與第五軍第八十八師毗連處遂被突
破,張軍長急以左翼之八十七師一部飛速馳援,蔡軍長
亦令六十一師一部協力夾擊,突入之日軍為我三面環
攻,損傷極眾,勢不能支向後潰退,其存留於我陣地
之一部遂被我包圍解決,其中央突破之企圖至是乃完全
失敗。

　先是第五軍之參加作戰,外界不明真相,流言滋
多,蔣中正同志為鼓勵軍心,督促奮鬥計,持以銑巧等
電勗勉該軍,略謂抗日為民族存亡所關,決非個人或某
一部隊之榮辱問題,故十九路軍之榮譽,即我國民革命
軍全體之榮譽,決無彼此榮辱之分,此次第五軍加入戰
線,固為敵人所畏懼,且必為反動派所誣衊,苟能始終
以十九路名義抗戰,更足以表現我國民革命軍戰鬥力之
強,生死且與共之,況於榮辱何有望。即曉諭將士務與
我十九路軍團結奮鬥,任何犧牲均所不惜,並云滬上地

形複雜，敵方或將捨正面之攻擊而向我側背著眼，我陣地附近河流縱橫便於扼守，日軍若取攻勢，則其犧牲非有一與十之比決難奏效，希與十九路共同一致為黨國爭光，對於蔣總指揮命令尤當切實服從，萬勿稍隔膜。吾人若不於此時表現民族革命精神決意犧牲，更待何時。其努力以保持我國民革命軍光榮之歷史各等語。故此次日軍以必勝之心捨命衝突，我軍始終一致團結挫其凶鋒，予以重大打擊。

日之中央突破既已失敗，遂復向其本國更請增調援兵，戰局乃又小為停頓。我方乘此亦更催促援軍趲程前進，浦口既為日海軍所著目，乃命上官師繞道至下游某口乘夜渡江，不意適遭風雨，倉猝設備難周強渡中流，意致覆溺官兵七十餘人，該師渡畢，正令由豫調來之胡師續渡，不意為日方所發覺，派遣軍艦於該處附近往來游弋，不得不輾轉遷移另覓渡口，繞行之距離愈遠，渡江之動作益遲，歷盡艱險始克過江。而所調贛省之蔣鼎文師，於開拔中又為方志敏等股匪所牽掣，奮力擊退方能成行，其續調第十四軍之李、蔣等師，與十八軍之羅、周、郭各師，更因贛州一帶均在吃緊，抽動困難，不得已先以十八軍馳解贛圍，而以十四軍逐次撤防開拔，故僅戴岳一旅得先調至浙境，適日艦屢侵杭州灣游弋，恐有窺浙企圖，乃令該旅佈防滬杭路線東側地區，以資戒備。

二月二十四日以後，日之第十一師團逐次到滬，遂復向我猛攻，此後日有激戰，尤以對第八十八師小場廟、廟行鎮一帶陣地攻擊最烈，均經我軍不顧損害，奮

勇肉搏先後擊退，並虜獲其裝甲車、唐克車多架，俘其
大隊長等官長數員，終未得進展一步，乃日本更以白川
義則為上海派遣軍司令官，將率第十四、第八兩師團續
行來華，不啻以傾國之力求逞於我。斯時我對於淞滬之
增援固不可忽，尤不可不有長期抗戰之準備，乃復由
豫、鄂、贛等省，增調徐庭瑤、趙觀濤等師及唐雲山旅
來京。並以安內攘外不容偏廢，剿匪部隊既難免分抽
調，乃將姚永安、李法銘、孔慶桂、紀毓魯及項致莊等
部之山野重砲各旅團先行抽調前來，以便相機應付，一
面於京滬線分設醫院收容病傷官兵，一面設置運輸通信
機關，以期通信補給之便利，且因前方部隊損失甚鉅，
特由各處駐防部隊抽選曾訓練之老兵五千餘名，分給
十九路及第五軍補充空缺以充實力，其不足者更陸續招
募新兵以便訓練補充，而先後補充十九路之槍彈達一千
零六十四萬餘發，手槍彈四十九萬八千餘發，各種砲彈
七萬二千七百餘顆，手榴彈十六萬六千餘枚，及步槍
千五百枝，機關槍一百二十五架，大砲七十三門。補充
第五軍者槍彈五百四十萬發，手槍彈三萬發及砲彈一萬
六千顆，手榴彈五萬枚。

二月月杪，日本第十一師團餘部及第十四、第八各
師團均已陸續到滬，我方之增援部隊或因渡江困難，或
因徒步行軍尚在途中，乃將甫經過江之上官師開赴崑
山、南翔，歸十九路指揮以資援應，並電告蔣總指揮與
蔡、張兩軍長，預計第二次決戰之期，約在艷、東各
日，我軍後方部隊全已運來前線，其他非至魚日不能參
加戰鬥，望即於此數日內儘量節省前線兵力，抽集各地

區預備隊，不須在總兵力二分之一以上之數量方能應戰，裕為不致臨時竭蹶，對於瀏河方面尤應準備三團兵力為要等語，俾令早為準備以免不虞。

三月一日晨，日軍全線同時向我進攻，其勢極為猛烈，先以多數重砲及海軍砲向我陣地作大規模之砲擊，其飛機群更向我陣地轟炸，致我陣地工事旋毀旋築。正奮戰間，忽有日軍艦四十餘艘掩護運送船於六濱口強行登陸，其兵力約一師之眾，而我在楊林口、七了口之警戒部隊急向前抗戰，因眾寡懸殊，竟被日軍包圍，奮力死戰傷亡殆盡，浮橋鎮、茜涇營一帶地區遂被佔領。張軍長治中聞訊，急抽調八十七師宋旅用汽車輸送至瀏河增援，始得拒止該敵，掩護我軍側背。然淞滬一帶陣地經日軍猛力轟擊，所有工事均已被毀無遺，官兵傷亡尤多，日軍乘機以大部新銳兵力密集衝鋒，激戰至午後三時，十九路第七十八師之小場廟、江灣一帶陣地遂被日軍突破數段，蔡軍長雖以預備隊向前反攻，因陣地崩毀無險可據，未能奏效。日軍自此破孔突入，我兩翼陣地乃亦逐次受其包圍，各官兵抵死固守爭持至日沒，蔣總指揮光鼐以前方陣地均已破碎，空隙甚多傷亡過重，必須整理側背，復受上陸之日軍威脅，後方京滬路連絡線亦有被敵飛機爆炸之虞，勢難守禦，遂決心乘暗夜自動撤退，於第二防線再行待援反攻。蓋就國防主義論固不能以寸土尺地授之於人，而按諸戰略關係，則要以利勝為主而不計一隅之得失，且兩軍相爭均以野戰軍為目標，野戰軍苟存尚不難轉敗為勝，故歐戰時德之東普魯士、法之西北地區，均曾一度放棄實以此也。

　　我軍既以準備長期抵抗之目的決心自動撤退，即令第十九路軍向江橋鎮、南翔之線轉進，第五軍向馬陸鎮、嘉定、太倉之線轉進，二日午前各部隊安然撤退完畢，適崑山以西之青陽港鐵橋被日飛機炸毀，對於瀏河方面日軍尚不無威脅側背之顧慮，乃以青陽港一帶為本陣地，安亭、太倉之線為前進陣地扼要固守，日軍以我之撤退出其不意，次日尚對空陣地發砲多時，嗣被彼宣言停止戰事，我亦依照國聯決議，停止戰鬥。

　　自一月二十八日開釁以至三月二日，為期一月有餘，其間衝鋒肉搏不下數十次之多，計十九路軍傷亡官長五百四十二員、士兵八千一百八十四名，第五軍傷亡官長三百四十九員、士兵五千〇二十九名，而先後所調援兵連第五軍已達十師以上，惜因剿匪牽制、渡江困難、徒步行軍諸種關係，未能完全到著。此時戰事雖停，準備不容稍懈，現我援軍除少數因抽調較後，尚在途中外，餘均先後到達指定集結地點，如日軍仍以暴力相加，我必抵抗到底。至中央軍費在去年十一月份以前月支二千三百餘萬元，亦僅能維持現狀，嗣以國庫支絀，十二月份起經財委會核減為一千八百萬元，而實際僅領到一千一百一十萬元，本年一月份財部黃部長任內則僅發四百卅萬元，二月份經宋部長竭力籌發，只一千萬元，各部隊伙食時虞不繼。溯自暴日侵入東省，東北軍費資源頓失，淞滬事起我經濟中心為之動搖，然戰事之臨時費用日增月累，已需米津、諜報、補充器材及防禦工事等費五百七十二萬餘元，故自去年十一月以後，月需軍費逐次減支，實際有不足領原額五成者，各軍啼

餓號苦,困難萬狀。籌措之責固在政府,然積欠之數既鉅,臨時戰費尤重,裝造彈藥不容停工,剿匪經費亦未便縮減,官兵伏餉不克充濟,何忍以饑軍驅戰,值此危難瀕絕之秋,財政當局捉襟見肘,枯竭萬分,補救之策,還希全國各界協力政府以求之。

（二）中央軍參戰經過

1・蔣介石致第五軍電

蔣中正函張治中等轉告第五軍與第十九路軍將士團結奮鬥完成抗日使命

南翔張軍長文白、俞師長濟時勛鑒：

抗日為民族存亡所關，決非個人或何部榮辱問題，前方將士應澈底明瞭此義，故十九路軍之榮譽，即為我軍全體之榮譽，切不可有彼此榮辱之分，且警衛軍加入戰線，乃倭奴之所忌，如能不出面，始終以十九路名義抵抗，更使我軍表現戰鬥力之強也。生死且與共，何論榮辱，望以此意轉告第五軍各將士，與十九路軍團結奮鬥，完成使命為要。

蔣中正

蔣中正電張治中轉俞濟時勸勉第五軍應與十九路軍團結一致

南翔第五軍張軍長並轉俞師長勛鑒：

近日反動派盛放第五軍官兵無戰鬥經驗與膽識，臨陣奔逃慌亂，士兵且亂放空槍，未見敵人而彈已告罄。又言官長配備無方，任部屬犧牲，教育隊只顧在後方挖

溝不願加入戰線等語。此皆反動派有意毀壞五軍即所以
毀壞中，而一方面藉此可以挑撥十九路軍與五軍間榮辱
之感情，此皆中所早料及此。惟望諸將士更應與十九路
團結一致，努力犧牲，期得最後之勝利，則一時之毀譽
不足容懷，古言有功相讓，有過相承，吾謂人之能願意
為無名之英雄，則其品性勝於有名之英雄十倍，吾國之
所缺少者為無名之英雄，望諸同志勉之。

中正

2·第五軍戰鬥要報

張治中

江灣以北經廟巷以至薀藻港陣地之戰鬥

自二月十四日至二月二十二日

二月十四日

奉令統轄第五軍（八十七、八十八兩師）參加對日抗戰。

十五日

奉軍政部何部長命令，第五軍著即集中南翔附近，歸蔣總指揮光鼐指揮等因，除第八十八師及八十七師二六一旅宋旅已先期開抵南翔外，當令八十七師二五九旅孫旅於本（十五）日開至南翔之江橋鎮附近集結待命。

十六日

親率軍師部人員及直屬各部隊、軍校教導總隊於午前九時開始，由南京和平門外車站分別向南翔輸送，先是十四日我八十七師宋旅已奉蔣總指揮命令，接防薀藻濱北岸胡家莊至曹家橋之線，業與敵一度接觸，午後十二時軍部抵南翔，奉蔣總指揮二月十六日午後十二時命令要旨如左：

一、本軍以保護國土自衛之目的，擬佔領南市、龍華、北新涇、真如、閘北、江灣、吳淞、寶山、月浦鎮

之線，保持主力於鐵道以北之地區，迎擊由閘北、江灣、吳淞方面來犯之敵，待機出擊，壓迫敵人於黃浦江畔而殲滅之。

二、左翼軍應佔領江灣北端至廟行鎮東端，蔡家宅、胡家宅、曹家橋之線，主力控置於大場鎮以北、楊行鎮以南及劉家行之間，迎擊由江灣北方地區來犯之敵，乘機出擊，向殷行鎮附近壓迫敵人，以一部在羅店、瀏河、小川沙方面擔任江面之警戒，相機策應吳淞。

三、要塞地區隊須以有力部隊乘機進佔張華濱車站，萬不得已則死守吳淞、寶山之要塞，以為全軍左翼之據點，歸張軍長指揮。

四、作戰地境

右翼軍、左翼軍：沈家行鎮——江灣鎮——大場鎮之線（線上屬右翼軍）

五、軍隊區分

右翼軍指揮官第十九軍軍長蔡廷楷

六十師

六十一師

七十八師（缺翁旅之四、五兩團）

八十八師獨立旅附憲兵第六團及南市一帶團警

左翼軍指揮官第五軍軍長張治中

八十七師

八十八師（缺一團）

馮庸義勇軍（現在瀏河，兵力約一連）

要塞地區指揮官：正指揮官譚司令啟秀

副指揮官翁旅長照垣

一五六旅（缺第六團）

十七日

午前六時派王副師長、祝參謀長赴前線偵查地形決定陣地配備計劃，遂於本日午後四時下達本翼軍命令，其兵力部屬如左：

一、第八十八師（缺一團）佔領由江灣鎮北端至周巷無名河南岸之線，惟主力須控制於大場鎮以北地區。

二、第八十七師二六一旅佔領由無名河北岸經胡家莊至曹家橋之線，第二五九旅應派兵一營歸二六一旅宋旅長指揮，其主力為師預備隊，應控制於楊家行至劉家行大道上之火燒場董陸宅附近。

三、要塞地區隊之任務如總指揮蔣命令所規定。

四、軍校教導總隊為軍預備隊，集結於劉家行之太平橋、張家橋附近。

五、各師須於明（十八）日午前三時以前分別與我十九軍接替防務，並完成一切之戰鬥準備。

六、予在南翔明（十八）日午前三時以前進駐劉家行命令下達後，即於黃昏後率軍師部人員及直屬各部隊由南翔進駐到劉家行。

十八日

午前十時本軍兵力部署重行規定如左：

一、第八十八師（缺一團）應佔領由江灣鎮北端周巷

蔡家宅至薀藻濱南岸之線，主力仍控置於大場以北地區。

二、第二六一旅應佔領由胡家宅沿薀藻濱北岸至曹家宅之線。

三、第二五九旅為師預備隊，主力控置於楊家至劉家行大道上之火燒場附近，另以一部位置於中興宅孟灣附近，必要時受俞師長之指揮，策應該師。

十九日

令各部隊星夜增強陣地工事，及構築後方各線陣地，並派工兵分別前往協助。

是日奉部長何電令獨立砲兵第一團第一營金之商部開赴南翔歸本軍指揮，另一連開楊行鎮附近受八十七師宋旅長指揮。

同日奉令派步兵一連接替獅子林南北閘洞七十八師防務，當令由五一七團第三營十二連前往接替並受譚司令啟秀之指揮，軍校教導總隊所屬之野砲兩門開往大場附近歸六十師沈師長指揮。

二十日

上海和議破裂，敵自本日拂曉飛機三五成群，飛向我陣地附近及陣地後方偵查，到處擲彈並施放機槍，更以重砲、海軍砲向我江灣、廟行鎮、紀家橋、吳淞各要點集中射擊，步兵藉砲火及飛機掩護向我陣地猛攻，我軍奮勇抵抗，戰鬥至為激烈，敵終未得逞，敵被我擊斃甚多，並擊落敵飛機一架。我八十八師亦傷亡官兵共

三十餘人。入暮敵再接再勵，繼續向我衝擊，戰鬥益
酣，竟夜砲聲不絕，我陣地工事被擊毀甚多，我官兵均
伏處掩蔽，部內無甚傷亡，敵步兵企圖襲我陣地，然每
接近即被我手榴彈及機槍擊退。

二十一日

敵意在突破我陣地，一點以砲火向我右翼八十八師
陣地集中猛轟，澈夜未息，尤以江灣、廟行鎮一帶陣地
落彈最多，我廟行鎮以南陣地工事一部被毀，上午五時
起敵步兵數千人向我嚴家宅、廟行鎮之線猛烈攻擊，飛
機數十架亦轟炸助戰，我官兵沉著應戰，決死守陣地，
並上刺刀與敵肉搏血戰竟日，敵未得逞，先後擊斃敵兵
數百。我亦傷亡官兵二百餘名，被敵擊毀榴彈砲一門，
機槍三架，小砲一門。入夜雙方仍在激戰中。

我左翼八十七師宋旅方面本（二十一日）日午前一
時許，敵步兵藉砲兵掩護企圖強渡，攻擊甚猛，惟此方
敵人係助攻性質，激戰約二小時敵即被我擊退，我傷亡
官兵二十餘人。本軍為策應左翼作戰起見，當令八十七
師五一八團推進至紫塘、濮家橋附近歸俞師長指揮。

是日軍校教導總隊步兵一營開往瀏河、新鎮一帶，
協同六十一師第六團警戒江面，掩護本軍側背。

本日據要塞地區譚、翁正副指揮官報稱，今（二十
一日）午前二時，敵飛機數架轟炸吳淞一帶，並拋擲燒
夷彈甚多，敵砲射擊徹夜不絕，江邊一帶陣地工事隨築
隨被擊毀，當令固守據點妥為掩蔽，並以機槍射擊阻止
敵人登岸。

二十二日

　　敵更以全力重疊配備前仆後繼向我八十八師正面廟行鎮以南陣地行突破攻擊，戰鬥較昨日更為激烈，為開戰以來所未有。自上午五時敵以飛機重砲連合向我陣地猛烈轟炸，我陣地工事多被擊毀。上午九時許接俞師長電話報告我大小麥家宅五二七團第三營（營長陳振新當時陣亡）陣地被敵突破一段，軍長當親率教導總隊（缺一營），赴馮家宅八十八師師部指揮策應，並令八十七師孫旅向廟行鎮增援，令朱旅長率第四團及第三團之一營由紀家橋渡河抄擊敵之側背，令俞師長率部對敵突入區施行反攻，我六十一師張副師長亦率兵兩團由竹園墩出擊，於午後六時左右進至孟家宅附近，敵被我夾擊傷亡甚多，大部向淞滬方面退卻，其殘留於大小麥家宅、金馮宅等處之敵，仍頑強拒守不退，經令俞師長及在廟行鎮之孫旅派隊將其包圍解決。

　　是日八十七師宋旅為策應右翼作戰起見，於下午三時統率步兵四營由紀家橋渡河向敵之側背夾擊，先後佔領楊家宅、齊家宅、北孫宅、南孫宅、顏中橋各村落，與敵肉搏數次，故傷亡官兵以刺刀傷為最多，當夜即在南北孫宅、齊家宅之線佔領陣地。

　　敵自二十日開始攻擊以來，亙三日夜前仆後繼與我激戰甚烈終不得逞。戰至（二十二）日則傾巢來犯，眾在一萬五千以上，勢甚猛烈，而我毛師及孫旅、宋旅各部隊均策動迅速，先後夾擊，敵傷亡過大，驚慌潰退，敵之企圖遂完全失敗矣。

　　是役我八十八師損失甚鉅，錢旅長倫體、陳副旅長

普民均重傷，營長傷亡六員，連排長傷亡八、九十員，士兵傷亡一千餘人（詳數已令查具報），八十七師傷亡六百餘人（如另表）。

　　附呈廟行鎮附近戰役八十七師官兵傷亡失蹤調查統計表及戰鬥要圖各一紙。

第五軍陸軍第八十七師廟行鎮附近戰役官兵傷亡失蹤調查統計表

二月二十二日　師長

部隊區分		亡		傷		失蹤	
		官	兵	官	兵	官	兵
第二五九旅	旅司令部						
	第五一七團			7	60		
	第五一八團	1	43	12	123		
第二六一旅	旅司令部						
	第五二二團	3	66	15	243	1	30
合計		4	109	34	427	1	30
附記：一、是役八十七師共傷亡失蹤官兵 605 員名							

江灣亙吳淞鎮一帶左翼軍防禦配備要圖

（二月十九日上午）

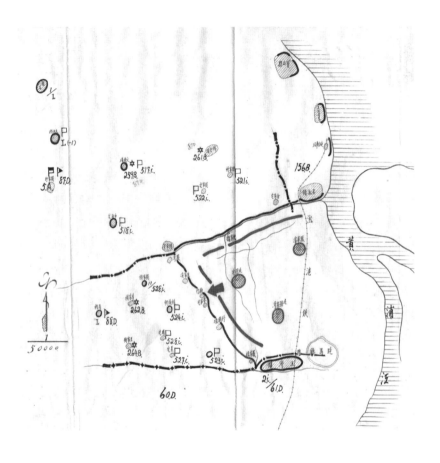

第五軍各部隊自二月十四日起至三月六日止戰鬥傷亡失蹤及現在人員數概見表

部隊區分			陣亡		陣傷		失蹤		現在人員概數	備考
			官長	士兵	官長	士兵	官長	士兵		
第八十七師	第二五九旅	第五一七團	20	330	15	490		50	1,500	
		第五一八團	25	430	19	530		300	1,000	
	第二六一旅		傷亡失蹤總數約 700 餘人						約4,000	
	獨立旅	第一團	未詳						待查	該旅兩團均無大損失
		第二團	未詳							
第八十八師			傷亡官長 160 員 傷亡士兵 2,300 名 失蹤士兵 400 名						待詳查	
軍校教導總隊			未詳						待查	

原陣地及瀏河、茜涇營附近之鬥以及我軍陣地之變換

自二月二十三日至三月二日

二十三日

廟行之役我八十八師損失甚大，急待整理，是日下午九時奉蔣總指揮命令要旨如左：

一、本路軍決心同前。

二、著右翼軍六十一師附八十八師獨立旅之古團於本日午後六時至江灣鎮以北、廟行鎮以南一帶接左翼軍右翼之防務。

三、左翼軍八十八師著撤回廟行鎮西南一帶地區集結整理，並策應六十一師所遺防務，在廟行以南地區由

六十一師派隊接替，廟行鎮及其以北地區防務仍由
左翼軍擔任之。

四、作戰地境從新區分如左：

殷家行南端、姚家宅、廟行鎮南端、李家橋之線
（線上屬右翼軍）。

基於右之命令下如左之命令：

一、本軍遵令將第八十七師陣地正面及作戰地境從新
劃分如左，第八十七師二五九旅應自廟行（含）經
周行至蘊藻濱南岸右與我第十九軍六一師，左與
二六一旅連繫佔領陣地。第二六一旅應撤歸蘊藻北
岸原陣地線。兩旅間之作戰地境：胡家莊南側沿蘊
藻濱至張家宅之線。

二、第八十八師將防線交與六十一師及八十七師二五九
旅後，務於明（二十四）日拂曉以前，撤至葛家神
廟宅西唐橋附近地區集結整理，並相機策應六十一
師及八十七師。

三、軍校教導總隊除以步兵一營留駐劉行南側陸家橋附
近，其餘移駐羅店、瀏河、楊林口、瀏河口、川沙
口一帶警戒，並派兵一連接獅子林、南閘洞、北閘
洞防務。

二十四日至二十六日

各部遵令換防後，敵雖損失重大，其由日本向上海
輸送之後續部隊自二十四日來陸續到著，連日仍繼續其
突破攻擊，向我廟行以南、江灣以北陣地。至二十七、
八兩日敵更傾其全力向我前述正面突擊，六十一師損失

頗大，急待整理。

二十九日

奉蔣總指揮命令著我八十八師接替六十一師防
線，遵令部署如左：

一、小場廟以西與竹園墩中間地區起至竹園墩以北互廟
　　行鎮南端之防務，由八十八師接替，其預備隊控置
　　於康家宅附近。

二、八十七師之二五九旅及七八師之一五六旅與軍校教
　　導總隊之防務仍舊。

三、八十七師獨立旅之第一團著與二六一旅換防，擔任
　　由蘊藻濱北岸之胡家宅經紀家橋至曾家橋之線，右
　　翼與二五九旅，左翼與一五六旅銜接。

四、八十七師二六一旅著集結於唐橋、田灣附近策應江
　　灣、廟行正面。

五、軍部及直屬部隊仍位置於劉家行。

　　是日午後四時接各部隊長陸續報告，其要旨如左：

一、八十八師俞師長濟時報稱：昨（二十八）日午後
　　九時許，敵約七、八百人向我竹園墩陣地襲擊，並
　　用炮火猛射，我官兵不動聲色，俟敵接近以自動步
　　槍、手榴彈迎頭痛擊，斃敵甚多，同時敵少數部隊
　　分向我金家碼頭、嚴家橋等陣地襲擊，均被擊退，
　　我軍傷官兵六員兵十餘名，亡一名，今晨以來情況
　　沉寂。

二、據二五九旅孫旅長元良報稱：本日午後三時許見金
　　穆宅附近敵約二、三百人向北移動，午後五時許又

見敵部隊向蘊藻濱方面移動，並聞有利用潮水降落攻我蘊藻濱之模樣。

三、據一五六旅翁旅長照垣報稱：吳淞方面本日無甚情況，惟兵力稍單，吳淞地當衝要，擬請格外注意。

四、據吳淞譚、翁正副指揮官報稱：本日午前七時，敵機七、八架由吳淞口飛來偵察，擲下炸彈多枚，午後一時敵機十餘架在我守區陣地內擲彈，被炸毀車輛房屋甚多，連日敵艦多艘及飛機二、三十架時向我要塞轟炸，所有要塞各砲位均被毀壞，藥庫亦被炸毀。

五、據教導總隊唐總隊長報稱：今日午後三時，敵機在盛家橋一帶偵察投彈，並在該處空中攝影，又午後五時，敵艦三艘經盛家橋上駛至瀏河、楊林口，均未停留。

是晚我八十七師獨立旅第二團奉令開來前方，到達黃渡，隨令即晚開至顧家宅附近集結，同時為堅固守禦之目的，擬於現陣地後方構築第三線防禦陣地，下如左要旨之命令：

一、第三線防禦陣地右自利眾橋（馬橋宅東約一千五百米）沿東菱涇濱西岸，經李家樓、曹宅達於蘊藻濱南岸胡家莊附近，再由胡家莊西端沿蘊藻濱北岸，經楊家宅與八十七師獨立旅第一團之陣地右翼銜接。

二、各擔任工事之部隊於本日下午日沒前，於其應擔任正面內詳為偵查經始，但須注意須不被敵人發見。

三、工事於本日下午七時開始，限兩夜內完成（工事之

分配從略）。

三月一日

本日敵全線向我陣地攻擊勢甚猛烈，總各方面之情形如左：

一、上午六時敵艦在獅子林、楊林口、七了口等處向我猛烈砲擊。

二、上午七時敵在黃家灣有佯行登陸模樣。

三、上午八時敵艦三十餘艘隨帶民船數十隻集中楊林口、七了口一帶向我警戒部隊陣地猛烈砲擊，旋以砲火掩護二、三千人用民船裝運強行登陸，我警戒該地之軍校教導總隊第一營第一連極力抵抗，同時駐瀏河之該營急向茜涇營推進增援，但因距離及敵火關係，不克迅速前進，致該第一連向後撤退，全營乃在瀏河北方提岸之線固守。

同時敵對我二五九旅廟行陣地暨八十八師正面猛烈砲擊並用飛機轟炸，各處工事大半損壞，官兵傷亡甚多。

基於右之情況，下如左要旨之命令：

一、本軍為對由楊林口登陸之敵在其立足未穩之前迅速出擊，在瀏河以北地區將其殲滅之。

二、著宋旅長希濂率所部兩團由現地經劉家行、羅店向瀏河速進，其一部利用汽車輸送。

三、軍校教導總隊應固守瀏河，並以一部在茜涇營嚴密警戒，俟宋旅長到後即歸該旅長指揮。

四、八十七師獨立旅第二團應以一營集結於楊家行北

端，歸該旅第一團莫團長我若指揮，並派一小部進
駐月浦鎮向獅子林砲台方面警戒，與我駐在盛家橋
教導總隊第二營切取聯絡，其餘由該團傅團長率至
劉家行附近之北沙宅集結為軍預備隊。

午後零時至六時各方情況及我軍處置如左：

一、廟巷以南陣地，敵以強大砲火向我各要點猛烈射
　　擊，同時敵機三十餘架盤旋我陣地上方連續爆擊，
　　我第一線工事盡毀，死亡枕藉，敵並以生力軍密集
　　隊向我反覆衝鋒，二五九旅五一八團之營長李志
　　鵬、八十八師五二三團團長馮聖法相繼負傷。我軍
　　右翼銜接之第十九軍七十八師正面於下午一時左
　　右，自小場廟至夏家蕩一段陣地被敵猛烈攻擊，陣
　　地被其突破數段，該師有動搖模樣，蔣總指揮令預
　　備隊增加反攻，至三時左右反攻無效，不得已退至
　　水車頭、談家宅、孟家角之第二線陣地。

二、下午三時俞師長濟時報告八十八師因七十八師後
　　退，該師右翼受敵包圍，不得已退守第二線，因之
　　八十七師孫旅廟行陣地亦受敵包圍。

三、瀏河方面午後零時三十分，楊林口、七了口附近敵
　　之大部隊繼續登陸，楊林口、浮橋鎮相繼失守，盛
　　家橋、獅子林之敵艦十餘艘亦有登陸模樣，下午二
　　時據八十七師宋旅長報告，該旅五二一團兩營用汽
　　車輸送已達瀏河，在楊林口、七了口登陸之敵不下
　　一混成旅兵力，目下向我南進，其先頭已與茜涇營
　　我軍接觸，該處我軍單薄，恐不克固守，職旅輸送
　　遲緩，目下祇能在瀏河北側地區固守。

　　當時汽車輸送因敵飛機擾亂，異常遲緩，乃令五二二團徒步行軍，用疏開隊形前往，但預計該團非至昏黑不能到達。

　　接以上報告後，乃令各部固守現陣地，死力抵抗以待日沒，不得擅自放棄，至下午五時我八十八師正面及廟行陣地工事盡被砲毀，無險可據，士兵死傷枕藉，軍預備隊亦已使用淨盡，而各部隊尚相繼請援，不得已乃令相機退守楊煥橋附近第二線陣地。

　　午後九時奉蔣總指揮電話命令，其要旨如左：

　　本路軍為謀與敵作長期之抵抗，決心本晚轉移陣地，右翼軍向黃渡方秦鎮之線撤退，左翼軍應撤至馬陸鎮、嘉定、太倉之線佔領陣地。

　　遵令下達如左之命令：

一、八十八師經由馬橋宅、陳家行、廣福南部、馬陸鎮、嘉定之道，集結於嘉定附近，到達後應警戒馬陸鎮、嘉定城、朱涇橋之線，右翼須與右翼軍連繫。

二、八十七師二五九旅附山砲兵營（欠一連）經唐喬、劉行、廣福北部、大橋鎮、沈家木橋、嘉定城、葛隆鎮，集結於婁塘鎮附近。到達後應警戒朱家橋、婁塘鎮、西竹橋之線，右翼須與八十八師連繫。

三、八十七師二六一旅及教導總隊經由瀏河陸渡橋向太倉集結，應警戒西竹橋、橫瀝橋、太倉城、西湖、川塘之線，右翼須與二五九旅連繫。

四、八十七師獨立旅第一團附山砲兵連及教導總隊第三營經由楊行鎮、羅店、嘉定外岡至蓬閬鎮集結待

命，第二團應逐次在劉行鎮、羅店佈置警戒，負有
掩護收容本師前線各部隊之任務，俟全師通過羅店
後，即經由嘉定外岡至錢門塘鎮集結待命。

五、七八師一五六旅經由楊行鎮、羅店、嘉定在嘉定集
　　結，暫歸俞師長指揮。

六、各部隊撤退時，務派出有力後衛，作逐次抵抗，其
　　抵抗如左：第一抵抗線：馬橋宅、唐橋、劉行。第
　　二抵抗線：廣福、羅店。

七、各部隊於本日午後十一時開始撤退，不得擅自提早。

三月二日

　　午前一時軍部進至嘉定城。當時以前令所定，
二五九旅之退卻目標婁塘鎮過於突出，乃以手令改令在
葛隆鎮附近集結，此令交由嘉定倉庫員轉交，午前十時
各部陸續到達指定地點，當派參謀多員分赴嘉定、太倉
各地連絡，並偵察淞滬、瀏河方面敵情，調查各部實力
及士氣。

　　是日敵飛機大肆破壞，將我青陽港橋樑及輸送汽車
炸毀。

　　下午二時下達構築陣地之命令，其要旨如左：

一、本軍主陣地線，右自馬陸鎮經嘉定城、朱家橋頭、
　　太倉城達於西湖、川塘之線。

二、各部隊應擔任之正面及其作戰地境（從略）。

三、各部隊工事應依河川為外濠，先於各要點構成據點
　　式工事，然後依時間逐次增強且連繫之。

四、各部隊構工事之掩護及警戒由各部隊自任之。

是役官兵傷亡、失蹤、彈藥消耗數目正在調查中。

嘉太附進左翼軍佔領陣地要圖

（三月一日下午）

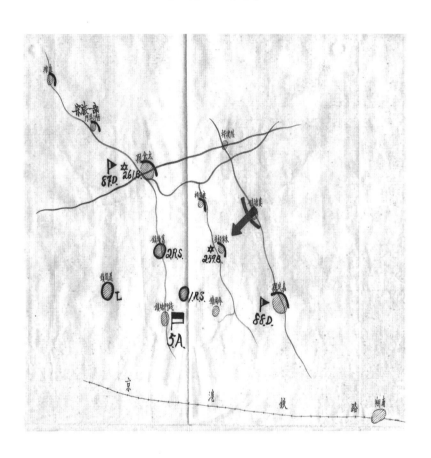

嘉定城、婁塘鎮、太倉城附近陣地之戰鬥與我軍陣地之變換

自三月三日至三月六日

三月三日

自二日夜至三日晨，各部隊除二五九旅外，均報告已達到指定地點，並各遵令警戒，唯二五九旅尚無報告，當令參謀前赴該旅視察，並重發前令，令該旅應以主力在葛隆鎮附近集結。

午前九時，接朱家橋頭五一七團團長張世希報告，要旨如左：

敵大部隊向我團突擊，我團因正面太大（六千米達），已被敵人節節剪斷，與旅長失去連絡，左右兩翼亦被敵人包圍，又四竹橋陣地失守，全團損失約三分之二。

接到是項報告後，急令駐蓬閬鎮之獨立旅莫團立即赴葛隆鎮增援，並令教導總隊移填莫團防務。

同時命令孫旅及張團堅守朱家橋附近，如敵猛攻至不得已時，務支持至日沒後，再向葛隆鎮河南岸撤退。

上午十一時五十分又接五一七團團長張世希由王家術來報告，要旨如左：

該團被敵包圍損失二分之一以上，現該團正在徐家宅（婁塘鎮東南）仰家宅、顧家宅、蔡家宅、陸家宅、小陸村、虹橋灣之線死守待援。

午後二時接孫旅長報告：

五一七現受敵包圍與旅失去連絡，職率五一八團極力反攻，但因該團在廟巷之役損失過鉅，現實祇一營兵

力，恐不能解五一七團之圍，情況危急，職擬在葛隆村殉職。

又俞師長迭次電話報告如左：

1. 嘉定自本日晨來，城北方面槍聲甚密，想敵攻我甚烈。

2. 職師祇餘槍一千二百餘支，正面過廣，兵力不敷分配，請八十七師一旅接替或派兵增援。

3. 如敵壓迫或圍城時，八八師恐不能固守，擬即退出城外，至外岡鎮憑河拒守。

4. 下午三時有敵少數騎兵向嘉定前進，並有敵砲兵向嘉定城內射擊，俞師長留一小部在嘉定警戒，主力向外岡撤退。

5. 配附於八十八師野砲兵連因道路不能行動，除先時將改造三八式新砲兩門由民船裝運赴蘇外，其餘舊三八式野砲兩門因無民船，只得將砲閂攜回，餘件毀壞。

下午三時八十八師已由嘉定城撤退至外岡鎮，乃令獨立旅傅團派兵一營至望仙橋警戒。

又據太倉宋旅長希濂報告如左：

太倉方面本日無敵情，奉命赴薛家涇警戒，並協助第二五九旅之一部營，未與敵接觸。

午後五時奉總指揮蔣江未電，令第五軍應撤至陸家橋、石牌、白茆、新市之線，第十九軍應撤至周巷，沿青陽港至陸家橋之線構築強固工事拒止敵人。

午後七時遵令下達命令，要旨如左：

1. 本軍遵令應以主力於今晚撤至石牌、白茆、新市之

線，以第一部在錢門塘鎮——太倉之線佔領佔地拒
止敵人，掩護本軍撤退

2. 八十八師應經外岡鎮、巴城鎮向常熟集結待命。

3. 八十七師孫旅應經太倉南端——周墅鎮向石牌鎮佔
領陣地對敵警戒。

莫團及其指揮之教導隊之第三營著歸該旅長指揮。

4. 八十七師宋旅應以有力之一部固守太倉拒止敵人，
掩護本軍之撤退，其主力應俟孫旅通過太倉後，經
直塘鎮向白茆、新市佔領陣地對敵警戒。

該旅固守太倉之一部，如敵不來犯，不得放棄，如
受敵壓迫不能固守時，准予相機撤退歸還建制。

馮庸義勇軍著由宋旅長通知隨同行動。

5. 獨立旅傅團應以主力在蓬閬鎮以一部在錢門塘鎮佔
領陣地拒止敵人，掩護本軍之撤退，須俟全軍通過蓬
閬鎮後，相機經周墅鎮、石牌鎮向東塘墅集結待命。

6. 教導總隊應經周墅鎮、石牌鎮向東塘墅西南之陳家
村附近集結待命。

7. 各部隊之撤退，除宋旅遵照規定外，應於本日午後
十時開始，不得擅自提早。

三月四日

上午十時軍部到達東塘墅，至下午六時前後接到報
告，要旨如下：

1. 八十七師第二五九旅第一、二兩團已在南北斷涇橋
集結。

2. 八十七師第二六一旅主力在白茆、新市集結對敵警

戒。附屬孫旅指揮之獨立旅莫團在石牌附近警戒。

3. 教導總隊（欠第三營）一部已達陳家村。

4. 軍部暨直屬部隊均到達東塘墅附近。

　　各部到達目的地後均積極著手整理，其擔任警戒之部隊則努力構築陣地之工事，本部亦派員分赴崑山、蘇州等處收容落伍士兵。

三月五日

　　職親赴真儀總指揮部，請示此後一切方略並分派參謀多員分赴各部視察，並調查附近交通情形，更將本屆作戰所呈諸缺點通令曉諭各官兵，俾資改革。

三月六日

　　午後下達命令之要旨如下：

一、本軍擬佔領石牌鎮至白茆、新市之陣地拒止敵人，其陣地線如左：

　　第一陣地線（警戒陣地線）：西楊賽涇——山涇橋——沈家橋——李宅基——毛家宅——小山涇——周家塘——蘇家尖鎮之線。

　　第二陣地線（主陣地線）：石牌頭南端沿塘口、涇河、李市鎮至白茆新市之線。

　　第三陣地線（預備陣地線）：另令規定。

二、獨立旅第一團應在石牌鎮南端經馮家橋、吳村（含）之線佔領陣地，在石牌鎮、馮家橋、吳村各點構成各個獨立之堅固據點，並酌派警戒部隊右與陸家橋之六十一師連絡。

三、八十七師第二六一旅應在右自東羅場經李市鎮至
　　白茆、新市之線佔領陣地，在李市鎮、喬南村、白
　　茆、新市各點構成堅固據點，右翼與獨立旅第一團
　　連絡，左翼與在梅李鎮附近之四十七師連絡。

四、其餘各部隊應按照另令構築預備陣地，其集結位置
　　如左：

　　八十八師：常熟城附近。

　　八十七師第二五九旅：陸巷附近。

　　獨立旅第二團；三塘嘴附近。

　　軍校教導總隊：周涇村、陸家嘴附近。

　　本軍奉命應在右翼依托後塘湖經崑城湖、常熟之
線，構築預備陣地，擔任構築之部隊如左：

　　八十八師應擔任構築，右翼依托崑城湖經常熟城至
虞山高地之線之工事。

　　八十七師二五九旅及軍校教導總隊應擔任構築，右
翼依托後塘湖經中興里、石家濱，至左翼依托崑城湖之
線之工事，並歸孫旅長統一設計指揮。

　　各處工事限於八日開始，限於三日內完成。

　　附東塘市附近職軍部署要圖一份。

石牌頭互白茆、新市戈帶左翼軍陣地配備要圖

（三月五日下午）

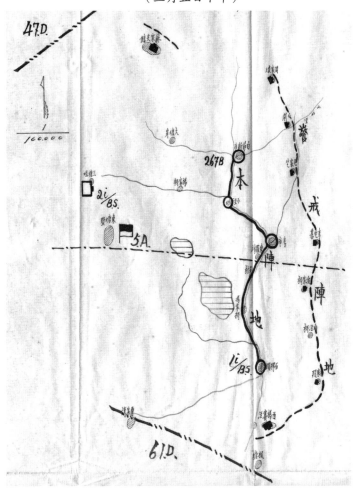

附記

軍隊校教總隊在周涇村、陸家村附近

八十八師在常熟附近

二五九旅陸巷附近

結言

職軍自二月十四日參加抗日作戰以來迄於三月六日，前後經激烈戰爭凡三次，變換陣地兩次，其餘接觸小戰每日有之，敵以其物質上、科學上絕對優勢，重砲、飛機、唐克車兼以海軍之大口徑重砲，其於二月二十日之砲擊廟巷及吳淞陣地，於一日內前後處各不下千餘發，兼以飛機由空中爆炸，每一彈著孔深至二、三米達，圓徑至四、五米達，我軍應戰，在其砲擊時多深處掩護蔽部內不與對戰，待其步兵前進後，敵砲兵及飛機不能射擊及爆擊時，始出而應戰，以是步兵戰鬥尚能得平衡均勢之局。敵雖以優勢之兵力，未能越雷池一步也。但當其砲擊之際，我深處掩蔽部中之部隊，往往有因受敵彈而全掩蔽部中兵士盡數活埋其中者，傷心慘目，莫過於是，以是死亡枕藉，損失甚鉅，其詳容俟調查，茲先將其目前所得概數列表於後，俾可略知其梗概也。

3 · 第八十七師第二五九旅戰鬥詳報草案

孫元良

陸軍第八十七師第二五九旅於廟行鎮之役戰鬥詳報

A．戰鬥前彼我形勢概況

一、倭敵自一月廿八日晚在滬開釁以來，其海軍陸戰隊及增援十二師團之久留米混成旅，在閘北天通庵一帶與我十九路軍巷戰，均遭慘敗，敵擬繼續增援，第一步計畫截斷我淞滬交通，佔領我吳淞要塞，第二步計劃以野戰軍突破我江灣至廟行間陣地，以截斷我京滬交通。

二、倭敵自偷渡蘊藻濱，圍攻吳淞要塞計劃失敗後，似在待援，嗣後之戰事重點，似移在廟行至江灣之線。

三、敵第九師團後續部隊於二月十四日到達完畢後，即在積極準備向我江灣至廟行鎮之線陣地攻擊。

四、我軍以保護國土自衛之目的，分左右翼兩軍（佔領地區如後），迎擊由閘北、吳淞江灣方面來犯之敵，待機出擊壓迫於黃埔江畔而殲滅之。

  1. 右翼軍（十九路六十、六十一、七十八，三師，附八十八師獨立旅）佔領南市、龍華、北新涇、真茹互閘北、江灣之線，主力集結

於大場、真茹之間。

2. 左翼軍（第八十七、八十八兩師，附七十八師翁旅）佔領江灣北端亙廟行鎮東端蔡家宅、胡家宅、曹家橋之線，主力控置於大場鎮北楊行鎮南及劉家行之間。

要塞地區隊死守吳淞、寶山之要塞，為全軍左翼之據點，歸左翼軍張軍長指揮（本條參照二月十六日午後十二時蔣總指揮命令）。

五、本左翼軍二月十八日之拂曉之部署如次：

1. 八十八師接替十九路軍在江灣鎮北端經廟行鎮至周巷無名河南岸之線防務，主力在馬橋宅附近。

2. 八十七師第二六一旅佔領周巷以北無名河經胡家莊至曹家橋之線，第二五九旅以步兵一營撥歸二六一旅指揮，其餘主力位置於火燒廠董陸宅附近為師預備隊。

3. 中央軍校教導總隊集結於劉行北之太平橋、張家橋附近為軍預備軍隊（本條參照二月十七日午後四時軍長命令）。

B. 本旅之任務暨接敵開始及所要之戰鬥命令

一、本旅於二月十七日午後六時奉軍長命令移駐火燒廠董陸宅附近為預備隊，全部於當晚十一時到達目的地畢，計第五一七團駐火燒廠、南潘涇、小朱宅一帶，第五一八團駐董陸宅楊木橋一帶，旅部位置於小朱宅，第五一七團第一營於本

（十七）晚十一時赴楊行鎮，撥歸第二六一旅宋旅長希濂指揮。

二、江灣、廟行間敵時向我陣地襲擊，我八十八師預備兵力已完全增加至第一線，本旅奉軍長十八日午前十時命令，派兵一團進駐中興宅孟灣附近，必要時受俞師長指揮，策應該師。當日午後五時賦於各團命令之要旨如左：

1. 軍長命令如另紙所示。

2. 著第五一八團全部於本（十八）日薄暮後，移駐中興宅孟灣附近，必要時策應八十八師，並向俞師長確取連絡。

3. 第五一七團原屬二六一旅指揮之步兵一營，於本（十八）日薄暮後歸還建制。

4. 旅司令部仍位置於小朱宅。

午後十時接石團長祖德報告，該團全部已達中興宅孟灣附近，並向在馬橋宅之俞師長確取連絡。

三、二月十九、二十兩天，本旅各團仍各在原位置待命，惟敵飛機甚活動，偵察測量轟炸我陣地前後方，似在作攻擊準備，二十一日午前五時，本旅組織統一對空警戒部隊，由第五一七、五一八團每團各出小砲二門，自動步槍四枝，放列於董陸宅北端附近，歸第五一七團第一營營附蔡贊祺指揮。午後一時四十分擊落敵Z46號四型戰鬥機一架，機身全數內裝機關槍二挺，駕駛手田中中隊長斃命。

四、敵自二十日以來，猛攻我江灣至廟行鎮之線，似
　　有突破我陣地之企圖，我八十八師正面仍在嚴家
　　橋至廟行鎮之線與敵激戰中，本旅第五一八團奉
　　軍長二月廿一日午後三時命令，推進至馮家宅東
　　北方之紫塘、濮家橋附近，歸俞師長濟時指揮。
　　午後九時接五一八團石團長報告該團已達濮家橋
　　附近。

五、二十二日拂曉，敵久留米混成旅約五千餘人向
　　我廟行鎮附近陣地猛攻，午前五時我八十八師在
　　麥家宅之陣地被敵突破五百餘米，本旅原附屬
　　俞師長指揮之五一八團，於午前七時推進至楊煥
　　橋、塘東宅附近，午前八時敵密集向廟行突擊，
　　八十八師在廟行鎮之第六團部隊全部退出廟行
　　鎮，本旅第五一八團第三營營長羅折東率部向廟
　　行鎮挺進，擊退強敵奪回廟行鎮陣地，該團其餘
　　步兵兩營歸李副師長延年指揮，在塘東宅與麥家
　　宅之敵激戰。

　　午前八時三十分，奉軍長電話諭本旅全部移駐
　　李家樓集結，策應八十八師，午前九時命第五
　　一七團全部即速向李家塘移動，時天帶薄霧，敵
　　飛機不甚活動，我軍在運動中損傷極微，午前
　　十一時該團先頭第二營已到達楊煥橋，其餘於
　　午後一時全部到達李家樓。

六、廟行鎮左右之八十八師第五二八團、第五二四
　　團因傷亡過多，戰鬥力脆弱，廟行前之紅廟及麥
　　家宅均為敵所佔據，於是廟行鎮陣地成最大突

出，守備極感困難，午後七時敵由麥家宅向廟行
襲擊，第五一八團羅營被圍之虞，當著五一七團
先頭蔣公敏營，向廟行鎮增加，協力將敵擊退，
午後十一時羅營調回張家橋待命，該營車排長
□□、士兵□□□、□□□、□□□等誓死殺
敵，雖負重傷而猶不退，壯烈可嘉。

七、敵攻擊未遂，主力於本晚撤退，其先頭部隊仍在
麥家宅、金穆宅一帶。右翼我六十一師副師長張
炎率兵兩團，於午後十一時向孟家宅攻擊前進，
中翼我宋旅步兵四營午後十一時已攻佔北沈宅，
刻正向南沈宅攻擊前進中。當決定令第五一七團
（附第五一八團羅營）對廟行當面之敵，本晚協
同各友軍相機出擊，收復廟行前緣原陣地，第
五一八團派部收復麥家宅陣地。午後十一時三十
分廟行前緣陣地完全收復，同時第五一八團以步
兵兩連向麥家宅猛烈攻擊前進，衝至麥家宅前數
十米處因河流障礙未得入時，敵機關槍、步兵
炮火力極熾，該團兩連傷亡百餘名，攻擊仍未
得手。

八、二十三日午前七時至九時敵第九師團約千餘人
並以飛機及猛烈砲火掩護之下，向我廟行陣地衝
擊，我第五一七團第二營守兵沉著應付，俟敵
接近我陣地前，機槍、自動步槍猛力掃射，敵不
支，其主力向我右翼潰退。此役敵損失頗鉅，敵
向我廟行正面攻擊未得逞。午前十一時二十分敵
約七百餘人復在飛機砲火掩護之下，由麥家宅向

我廟行陣地側擊，第五一七團第二營幾成包圍，
旋得張家橋之羅營迅速馳援，協力擊退，午後六
時三十分敵砲擊廟行鎮陣地甚烈，傷十餘人。獨
立山砲營（欠第三連）奉軍長命令歸本旅指揮，
於午後六時到達李家樓。

C.陣地之變動及嗣後部署──理由

一、奉軍長電話，諭本旅應佔領廟行鎮以北經周巷至
　　蘊藻濱南岸之線陣地，二十三日午後八時三十分
　　賦於各團之命令要旨如左：

　　1. 敵情仍無新變動

　　　　我六十一師本（廿三）晚十一時以前接替八
　　　　十八師暨第五一八團在廟行鎮以南、江灣以
　　　　北防務。

　　　　我宋旅長本晚擬撤回蘊藻濱北岸之線原陣地。

　　2. 本旅俟六十一師接防廟行鎮以南之線陣地後，
　　　　應擔任廟行鎮（含）經周巷聯接至蘊藻濱南
　　　　岸之線原陣地，拒止敵人，待機出擊。

　　3. 本旅之陣地區分如左：

　　　　第五一八團將麥家宅西端村落防務交替後應
　　　　於本晚下三時以前接替廟行鎮及其南北第一
　　　　條無名小河之線防務完畢，其大部兵力應控
　　　　置於張家橋，團部亦位置於該處。

　　　　第五一七團應佔領廟行鎮北端第一條小河，
　　　　經周巷至蘊藻濱南岸之線，拒止敵人，待機
　　　　出擊，右翼與五一八團取連繫，左翼俟宋旅

撤回蘊藻濱原陣地時，該團前進部隊即協同宋旅撤至蔡家宅之線。

4. 附屬本旅之教導總隊第三營著立時移駐張家橋，嗣後歸第五一八團石團長祖德指揮。

5. 山砲兵第一營在未進入陣地以前，著集結於李家樓西南之朱江巷。

6. 五一七、五一八團榴彈砲連未進入陣地以前，著在李家樓北端村落集結。

7. 防空小砲指揮官第五一八團第二營附謝培元應將該團小砲酌附自動步槍放列於楊煥橋以北地區。

第五一七團自行配備防空部隊。

8. 各團陣地線工事應竭力修築強固，尤其廟行鎮之線應構築強固野堡為主支撐點，張家橋與廟行鎮間須延右翼土堤，構築交通壕連繫（派本部參謀組負責協同規劃工事）。

9. 予仍位置於楊煥橋旅部。

二、午後十時接第五一八團石團長祖德報告，該團陣地接替完畢，以步兵第一、二營任第一線，第三營及教導總隊之步兵一營位置於張家橋為預備隊，惟廟行鎮南端第二條小河，職團已連接至該處，而左翼六十一師至小河南岸尚缺百餘米空隙，易受敵襲，請鈞長通報該師填補，當派吳參謀求劍赴六十一師連絡填補。

十時十分第五一七團在周巷至蘊藻濱南岸陣地配備完畢，第一線祇配備步兵四個排，其餘均集結

於周巷附近為策應部隊。

陣地區域及兵力部署如附圖。

三、廟行鎮之線兵力配備係在廟行鎮前線五百餘米
正面使用一團兵力，廟行北經周巷至蘊藻濱南岸
之線正面達二千五百餘米，亦使用二團兵力，其
理由為廟行鎮已成最大突出部，勢必為敵攻擊重
點，決戰捨此莫屬，故須配備雄厚兵力，縱深布
置，俾守備堅固，決戰出擊時收最大殲敵效果。
廟行以北至蘊藻濱之線正面雖屬遼闊，但在本左
翼軍陣地內成九十度三角形之內角，決無由此線
來攻之蠢敵，故配備少數監視兵已足。第五一七
團以步兵四排配屬於第一線，以兩營餘控置作策
應部隊，亦甚得當。因敵攻擊重點在廟行，如一
旦敵猛襲廟行，第五一八團危急時，該團可分兵
力兩營由周巷向金穆宅、廟行前緣之敵出擊，以
威脅其右側背。第五一八團以兩營配置於第一
線，兵力未免過厚，徒遭敵砲火之損害，故著該
團時改正以一營或加步兵一連配置第一線，餘均
集結張家橋。

山砲兵營在未進入陣地以前，令其遠離陣地，
因敵砲火、飛機佔絕對優勢，接近前線徒遭無
謂損害。

旅司令部位置於楊煥橋，離廟行鎮第一線僅
千二百米，依原則及慣例似太近，但反小受敵機
砲之威脅，因彼判斷指揮部必在李家樓。

團直屬榴彈砲連因每團只有砲二門，不生效力頗

小，故宜多做假陣地，使敵無從捉摸。

D. 陣地之守備嗣後戰鬥之經過

一、廟行前金穆宅仍有敵第九師團主力在該處，拂曉薄暮時，向我廟行陣地攻擊。

敵空軍步砲兵協同頗確實，各兵種訓練甚好，作戰多依戰術原則，每欲攻擊一點時，必先以飛機、砲兵協力轟擊，然後步兵前進，我守兵知其慣例，敵機砲火猛烈時，大部均躲藏掩蔽部內，前線配置少數監視兵，待敵機砲火停止，步兵前進時，我守兵乃出應戰。

二、二十四日午前五時，敵突擊步兵約一營在猛烈砲火掩護之下，向廟行襲擊，我第五一八團守兵沉著應戰，機槍、自動步槍火力熾甚，敵傷亡百餘名，向金穆宅退去，我五一八團亦傷亡二十餘名。

二十四日以後漸入陣地戰狀態，敵以砲火向我後方村落射擊頗烈，午後三時敵飛機六、七架向李家樓投二十餘彈，意在轟擊我指揮部，但李家樓未駐部隊，人員傷亡極微，第五一七團炸斃榴彈砲連騾馬，亡七匹，傷五匹。

三、午後四時我榴彈砲兵在寶龍庵構築陣地，被敵機察覺，當命棄去不用作為假陣地。

午後九時至十時許，敵對我假陣地以重砲及海軍砲射擊六、七百發，我軍無損傷。

午後十時，敵以小部隊來襲廟行，被我擊退。

四、敵屢攻廟行均遭慘敗以後，攻擊重點移在廟行
以南竹園墩、金家碼頭附近之六十一師正面，廿
五日午前十時敵向竹園墩、金家碼頭攻擊甚烈，
砲兵集中向該處射擊，飛機十餘架向竹園墩轟
炸，同時我廟行右翼陣地亦受敵煙幕彈射擊，我
六十一師竹園墩陣地因傷亡過多，為敵所得，午
後十二時張副師長炎集結兩團兵力奮勇奪回。

五、二十五日午後十時，本旅榴彈砲兩連及山砲兵營
共砲十二門集中至張家橋附近放列，向麥家宅集
中射擊共百餘發，因白晝射擊，準備甚佳，均命
中，敵損傷甚鉅，射擊後立即撤回後方，敵以重
砲還擊均落我寶龍庵附近，我軍無損傷。砲兵陣
地均未築掩護，夜間使用放列於自然地上，避免
敵機察覺。

六、我小砲集中使用，敵機至怕，後敵派間諜（此間
諜於廿五晚十二時刺傷小砲連長蕭沖漢）偵知小
砲陣地，故敵機避開，於是我多作小砲假陣地疑
敵，頗收成效。

七、本（廿五）晚十二時，敵以小部數次來犯，均
被我擊退，我五一八團守兵亦分組（每組二、三
人）向敵襲擊。

八、奉軍長二十四日午前命令，構築自楊煥橋自胡家
宅之線第二線陣地，於本（廿五）晚午後十時開
始作業，工作區域分配如左：

1. 教導總隊第三營任楊煥橋據點構築。

2. 宋旅步兵兩營任楊煥橋北至野貓墩之線。

3. 工兵營任北至蘊藻濱南岸之線。

　由李副旅長、鍾參謀主任共同計劃。

九、二十六日午前十時接石團長報告如下：

　　1. 今晨（廿六）一時許敵猛攻我右翼（廟行鎮以
　　　右至第三連陣地前），激戰時餘仍未得逞。

　　2. 廟行鎮前約六十米達處有一縱深森林，內有
　　　敵機槍巢及小鋼砲、迫擊砲陣地數線。

　　3. 本（廿六）日午前十時十分第二營報稱有敵
　　　二百餘名、軍馬二匹增援麥家宅。

　　4. 刻下敵仍以重砲擊我正面陣地中。

十、廟行鎮陣地與當面之敵相隔只四、五十米達，雙
　　方均在掩蓋散兵壕內瞄準相待，一露頭手三寸，
　　即有被擊之虞，每到夜間均用手榴彈互擊，惟掩
　　蓋工事強固不易傷人，再此處因與敵相接太近，
　　致敵之飛機炸彈及重砲皆不敢集中轟擊。右翼周
　　巷至蘊藻濱陣地，敵步兵均不敢動，惟飛機、大
　　砲時向我威脅。

十一、守備廟行陣地第一、二天，因接替時第八十八師
　　　所作工事不佳，平均每日須傷亡二十餘人，嗣後
　　　工事修築堅強，並以三條交通壕向後方連繫，損
　　　害大減，平均每日傷亡五、六人。

十二、二十七日、二十八日敵似在待援，第一線戰況頗
　　　沉寂，教導總隊第三營於二十七日午前六時調到
　　　劉行鎮南端之陸家橋，第二線陣地之工事作業由
　　　獨立旅第一團擔任。

　　　據滬諜報，敵調第十一、十四，第二、第七師團

來滬增援，預計二、三日內可到達。

E. 三月一日之敵總攻及我軍陣地變換

一、敵屢攻未逞，調大批援軍到滬，其十一師團於
　　廿八、廿九兩日到達黃埔港內，其一部在吳淞登
　　陸，大部在瀏河登陸，其餘各師團亦準三月一日
　　以前可到達。

二、二十九日敵飛機向我各線陣地偵查攝影，並用發
　　煙信號與敵砲兵聯絡，試射數百發。

　　是日，上海日本總領事照會上海市長，謂中國如
　　繼續調集援軍，則日本飛機自三月二日起勢必將
　　嘉興至上海，及蘇州至上海之兩條鐵路及兩路上
　　之軍用列車予以炸毀，以上所開日期，所以使居
　　民便於遷避者，我吳市長嚴詞抗答。

三、三月一日拂曉，敵向我全線總攻，其重點在江灣
　　至廟行之線，砲火猛烈，為從前所未有，廟行鎮
　　一地落彈二千餘發。

　　廟行鎮正面敵第九師團四千餘人，其步兵因二月
　　廿二日總攻失利，不敢前進，僅以極猛烈之砲火
　　飛機炸彈轟炸，左翼周巷陣地有敵約三百餘名向
　　五一七團進攻牽制我左翼，在猛烈砲火之下，我
　　守兵誓死殺敵，前仆後繼，自拂曉四時起至午後
　　二時，苦戰十小時，我軍陣地毫無變動。

　　午後三時二十分右翼第七十八師陣地失守，在
　　塘東宅、金家碼頭之八十八師亦因傷亡過多，
　　不支撤退至李庫、楊煥橋以南之第二線陣地。本

旅右翼自第一線至第二線間成一大空隙，但敵兵膽怯，未敢前進，本旅仍在第一線原陣地固守，午後四時奉軍長張電諭本旅可撤至楊煥橋、野貓墩、北楊之線第二線陣地，當即電話令五一七團派生力步兵一營（第三營），佔領楊煥橋據點，掩護撤退，嗣後之陣地區分如下：

1. 五一七團應佔領楊煥橋經野貓墩至北楊之線。
2. 五一八團應佔領北楊以北至蘯藻濱、胡家莊之線。
3. 山砲兵營、榴彈砲連及大小行李集結於馬橋宅附近。
4. 旅部嗣後位置於蘇家橋。

午後五時三十分，本旅全線依計劃撤至楊煥橋、野貓墩、胡家莊之第二線陣地。周巷前之敵三百餘名見我軍撤退，乘機來襲，我五一七團第二營奮力將敵衝散後，徐唱黨歌而退。

四、撤退時五一七團秩序極佳，損失最微，五一八團因敵砲行追擊射擊，秩序稍亂，一部士兵散往後方。

午後七時第二線陣地配備完畢，命兩團各派得力官長赴馬橋宅、顧家鎮收容。

五、瀏河敵十一師團約五千餘名登陸，本軍右側背受脅，午後九時三十分奉軍長張命令變換陣地，其要旨如左：

1. 本軍今晚變換陣地，以備與倭寇作長期抗戰。

2. 本左翼軍應撤至馬陸鎮——嘉定——太倉之線佔領陣地。

3. 八十八師應撤至嘉定城——馬陸鎮——朱涇橋之線佔領陣地拒止敵人。

4. 本師宋旅及教導總隊應撤至太倉城、西湖、川塘之線佔領陣地拒止敵人。

5. 本旅附山砲兵營應經唐橋——劉行鎮——廣福北部——大橋鎮——沈家水橋嘉定城——婁塘鎮，集結於婁塘鎮附近，到達後警戒朱涇橋——婁塘鎮、四竹橋之線右翼，與八十八師左翼與宋旅聯繫。

6. 各部隊於午後十一時開始撤退。

7. 師部爾後經嘉定城移駐錢門塘鎮。

六、午後十時山砲兵營及榴彈砲兵兩連大行李等，準本旅路線到達婁塘鎮西南端村落集結，第五一七團第三營仍佔領楊煥橋，為本旅掩護部隊，待本旅撤完後即為後衛。午後十一時按旅司令部、第五一七團、五一八團之順序，準以上路線向嘉定、婁塘鎮撤退。

F. 戰役經過之敵我優弱點及意見

一、敵二月廿二日攻擊失敗損失甚鉅，故三月一日總攻用飛機、大砲為主體，避免步兵犧牲，實則其步兵一聞槍聲即伏地不動，不堪戰也。

二、敵軍訓練頗好，空步砲兵協同頗確實，向我攻擊時，其先頭用一班或一排帶有電話機，進至何地

點即與其後續部隊聯絡，頗形靈活。

三、我軍前後方聯絡接濟頗不靈活，此次作戰倘在
馬橋宅設一彈藥材料交付所，當較便利。

四、我軍工事構築欠強固，損害不少，尤以掩蔽
部，一般均不夠強度，交通壕多未構築。

五、團衛生隊臨時崩帶所位置及救護均欠佳。師野
戰病院距前線過遠，以至一度戰後滿路傷亡士
兵，無人處理。

六、騾馬共栓一處，易受損害（如五一七團榴彈砲
連，一彈傷亡十三匹），電話總機、預備隊、彈
藥及控置機槍、大砲均應入掩蔽部避免損害。

七、本旅各團第一天在廟行使用第一線兵力過多，
易遭損害，配置疏薄實為必要。

八、情況不明，諜報太少，為我軍最大缺點，敵以
侵入軍作戰，尚使用多數漢奸日諜。

九、我小砲集中使用，且多設假陣地，頗著成效。

十、附屬之山砲營及各團榴彈砲均集中旅部使用，
白晝作射擊準備，夜間射擊極有效率，且能避
敵機砲損害。

十一、假陣地誘敵收效極大。

十二、我軍消防設備欠完全。

十三、戰地人民對我雖好，但言語不通，障礙甚多，且
不能先令戰區老幼婦女退出，多受敵大傷害，部
隊退卻人民同退，雜踏不堪，尤易遭敵機轟炸，
故軍中政治工作人員甚必要。

G．作戰殊勳者

一、五一八團第三營營長羅折東二月廿一日不待命
　　令，由張家橋獨斷進援廟行鎮友軍，使戰局轉
　　危為安，極顯勇烈。

陸軍第八十七師步兵第二五九旅於婁塘鎮朱家橋附近戰鬥詳報

A．戰鬥前彼我形勢概況

一、敵第十一師團之一部，於三月一日由七了口（在
　　楊林口西北約三千米達）登陸，威脅我第一線
　　之側背。

二、本軍依戰略上之要求，準備與倭敵作長期抗戰起
　　見，於三月一日午後十一時撤至太倉——婁塘鎮
　　——嘉定之線。

三、我第八十八師於二日午前十時到達嘉定城警戒
　　馬陸鎮——嘉定城——朱涇橋之線。

四、我第二六一旅及教導總隊於二日午前到達太倉城
　　警戒四行橋——橫瀝橋——太倉城——西湖——
　　川塘之線。

五、我獨立旅第一團於二日午前到達蓬閬鎮集結。
　　本師師部及獨立旅第二團於二日午前到達錢門
　　塘鎮。

六、本旅附山砲兵營（欠一連）、工兵營技術連於二
　　日午前十時完全到達婁塘鎮王家巷附近警戒朱涇

橋──婁塘鎮──四竹橋之線。右翼與八十八師
聯繫。

七、二日午前我各部隊到達嘉定城、婁塘鎮時，隊
伍運動被敵機察覺，我各部新警戒陣地位置，
敵機均明瞭偵查，並在嘉定投十餘彈，婁塘投
三彈。

八、瀏河方面敵已有三千餘名登陸。

B．本旅之任務及警戒陣地之部屬

一、三月二日午前五時，本旅到達嘉定城時賦於各
部命令之要旨如左：

　　1. 本旅奉命在婁塘鎮附近集結，並警戒朱涇橋
　　　──婁塘鎮──四竹橋之線。

　　2. 第五一七團到達後應派出連哨三個，分別位置
　　　於朱涇橋、婁塘鎮、四竹橋，對瀏河方面嚴
　　　密警戒，右須與八十八師，左須與宋旅確取
　　　聯繫，主力應集結於婁塘鎮南端之衛家村、
　　　楊家村附近。

　　3. 第五一八團應集結於婁塘鎮南高家巷附近整理
　　　待命。

　　4. 山砲兵營集結於婁塘鎮西南端附近村落。

　　5. 旅司令部即進駐王家術。

二、二日午前十時全旅各部均到達指定位置，旅司令
部本日暫至金家村。午前十一時旅長赴高家術、
魏家村、婁塘鎮附近偵察地形，本旅警戒正面達
九啟羅米達。

三、同日午後四時接第五一七團長張世希報告如下：

1. 職團全部已於本（二）日午前十時到達魏家村附近。

2. 第二營派連哨二個分別位置於朱涇橋、婁塘鎮，對瀏河方面嚴密警戒，左與第三營右翼第八十八師取連繫。

3. 第三營派連哨一個位置於四竹橋對瀏河方面警戒，左與宋旅，右與第三營取連繫。

4. 第一營集結於魏家村附近。

5. 各連哨均於本日午後三時配備完畢。

6. 團部暫位置於魏家村，日沒後擬移駐朱家橋。

四、二日天氣清明，飛機頗活動，我警戒陣地前多民房阻礙射界，但不忍燒毀。

五、瀏河距婁塘鎮僅十五里，我警戒線已在婁塘鎮，本日各部集結位置，離第一線太近，當於午後五時分別令各部移駐地點如左：

1. 山砲兵營應於明（三）日拂曉移駐賀家村南端附近。

2. 第五一八團應移駐潘家村附近。

3. 第五一七、五一八團榴彈砲連及工兵營技術連應移駐賀家村附近。

4. 旅司令部本晚仍暫在金家村，明（三）日拂曉移駐賀家村。

C．接敵開始及戰鬥之經過

一、三日午前一時，瀏河方面敵十一師團約千餘人，

分途向我警戒線夜襲，我婁塘鎮、朱涇橋、四竹
橋三個前哨連拼力抵抗，斃敵數十名，戰二小
時，因左右翼友軍未達指定地點，且每連警戒正
面達三千餘米長寬，聯絡極難確實，敵愈戰愈
多，並有十餘門輕砲向我猛烈射擊，第五一七團
第二、三營前哨連漸漸被圍，幸各官兵奮力衝
擊，該團第二營派新銳部隊增援婁塘鎮，第三營
派部援助左翼，始將敵抑留於婁塘鎮附近，該團
即選定徐家宅、邵家宅，婁塘鎮南端蔣家村、陳
家宅，朱家橋、孫家村、陸家村沿河之線為主抵
抗線，惟三個前哨連損失已在三分之一。

二、午前七時山砲兵營已由婁塘鎮南方村落移駐葛
隆鎮。

榴彈砲兩連及工兵營技術連已於昨晚到達賀
家村。

三、午前十時，此時旅長到達朱家橋第五一七團團
部，親授該團可集結主力於賀家村附近，務須集
中兵力頑強抵抗之命令，此時敵增加第十一師團
約四千餘人，開始向我陣地突擊，並探知我左右
翼空虛，旋向該團兩翼包圍，時該團預備隊分別
增援，死力抵抗，敵兵雖超過數倍仍不敢前進，
該團當即分別報告軍長、旅長乞援，並為集中兵
力頑強抵抗計，復選定楊家村（葛隆鎮北）、秦
家村、胥家村、周家濱、楊家村、仁壽橋、周家
上沿河之線為第二陣線。

四、第五一八團（暫編成步兵一營）於午前九時三十

分移駐潘家村附近。

五、午前十時敵又向第五一七團三面包圍，左右翼敵已進至徐家宅、朱家橋頭之線，時該團彈藥將罄，敵仍繼續前進，該團仍專用手榴彈、刺刀與敵肉搏，斃敵極多。

六、午前十一時，奉軍長張命令要旨如左：

　1. 據張團長報告，張團正面自今晨來受敵猛攻，與旅失去連絡。

　2. 現已令獨立旅第一團附教導總隊第三營，向葛隆鎮前進，沿河南岸配備，該旅應與之聯絡。

　3. 該旅應在朱家橋頭原地堅持抵抗，如敵猛攻，不得已時，務待至日沒後向葛隆鎮南側河岸線撤退，在河川岸線佔領陣地拒止敵人。

　4. 余仍在錢門塘軍部□等因，當命第五一七團仍在原陣地抵抗，待日暮後撤回葛隆鎮西南之王家上、殷家上附近。

七、午後一時，第五一七團在四竹橋之第三營因敵大部壓迫，該營擅自向葛隆鎮撤退，致該團兵力愈覺單薄。

八、午後三時，旅部移駐葛隆鎮部署最後抵抗線，並收容第五一七團第三營之步兵二連共二百餘人，該營營長顏健、營附斯傑均畏罪潛逃，當命該營第十三連連長馮瑞廷統率全部，馳赴王家衖應援。

九、午後三時二十分，賀家村附近均發現敵情，旅部與第五一七團連絡全失，該團連長馮瑞廷所率

之第三營援兵二百餘人到達賀家村附近，遇敵約四、五百人，該連長未行接戰即率部退卻，此時該團完全單獨作戰，與敵苦鬥，但我旅之企圖該團已確實明瞭，料至薄暮後可撤至葛隆鎮或錢塘門附近，時獨立旅第一團尚未到達，第五一八團損失過大難以再戰，已無兵力可使用。旅長在葛隆鎮電話報告軍長，如敵再進則決死守葛隆鎮，以盡軍人天職。奉軍長電復獨立旅第一團即可到達葛隆鎮，該旅可在葛隆鎮以南收容整理等語。

十、午後四時，獨立旅第一團及教導總隊第三營到達葛隆鎮增援，歸本旅指揮，當命佔領毛家橋、周家村、賀家村西南端余家橋村之線，命第五一八團撤至葛隆鎮西南端施家角附近作預備隊。

D.戰鬥後彼我陣地及行動

一、婁塘鎮方面之敵進至賀家村附近即抑留該處。

二、午後五時二十分，嘉定友軍已安全退出，第五一七團朱家橋左翼又被敵突破，乃陷入於四面包圍中，敵由嘉定方面抽出兵力，以四路縱隊由右左向該團挺進，五時二十分該團團長即集中兵力猛烈對敵衝鋒，敵不支，多棄械逃，遂突破一點，衝至外崗方面與我第八十八師相合，英勇忠誠之朱營長耀章身先士卒，肉搏倭敵，身中七彈徇國成仁，其餘官兵亦傷亡百餘員名，本晚該團經崑山轉赴本軍新陣地。

三、午後九時三十分，奉軍長命令，略聞敵企圖截斷

嘉定太倉之線，阻我後路，本軍應撤至陸家橋、
白茆、新市、石牌之線。第二五九旅應經太倉南
端周墅鎮到達石牌佔領陣地，對敵警戒等因。

四、午後十時本旅附獨立旅第一團、山砲兵營、工兵
營技術連，準以上路線向石牌移動，於四日午前
十時到達。

五、第五一七團三日由朱家橋衝出，四日午前到達崑
山，午後三時到達石牌西北之南頭涇。

E. 戰鬥後所見之敵我優劣點及教訓

一、敵向我前進時，正面配備兵力頗少，其大部大
抵集結於翼側以企圖包圍。

二、敵步砲兵協同頗確實，其輕砲兵運動頗迅速。

三、敵步兵戰鬥力及攻擊精神極不佳，一經我軍衝
鋒，多棄械逃。

四、我軍士氣旺盛，攻擊精神極好。

五、彈藥缺乏時，毅然向敵軍肉搏及投擲手榴彈，
尤為我軍特長。

六、我軍聯絡欠確實。

七、第五一七團以一團之眾當三倍以上之敵，在婁塘
鎮、朱家橋一帶苦戰惡鬥至十七時之久，使敵不
敢攻我嘉定，第八十八師得從容撤退，在全戰役
中，此役犧牲極有代價。

F. 作戰殊勳者及應懲處者

一、第五一七團第一營營長朱耀章於朱家橋激戰，身

先士卒，殺敵極夥，身中七彈，忠烈絕倫。

二、第五一七團第二營營長蔣公敏、第六連連長丁鎔，三月三日於朱家橋從容擊敵，於外崗猛勇斷後，極見革命軍人氣概。

三、第五一七團第三營營長顏健、營附斯傑於四竹橋擅自撤退，畏罪潛逃，至陷該團於包圍苦戰，已請通緝歸案處死。

四、第五一七團第十三連連長馮瑞廷於三日奉命率部增援，臨敵畏縮不前，已予槍決。

補遺

一、此次作戰，本旅榴彈砲兩連（四門），附獨立砲兵第一團（山砲九門），在敵砲火制空絕對優勢之下，活動頗覺困難，其使用原則如下：

1. 在未進入陣地以前，通常位置於村落內，砲兵陣地選擇蔭蔽物體附近，不築掩體，免敵機察覺，如敵向我猛烈砲擊後，其步兵衝鋒前進時，則不顧一切損害向敵射擊。

2. 白晝作好射擊準備，夜晚進入陣地對敵重要第一線陣地猛烈射擊，完畢後仍立時撤回後方。

3. 對敵第一線之機關槍、輕砲兵陣地施行破壞射擊。

4. 榴彈砲兩連均直接歸旅長指揮，集中使用。

二、小砲多集結使用防空，二月廿九日午後第五一八團小砲二門進入廟行鎮之最前線陣地，對紅廟及附近廟行鎮前竹林之敵機關槍、迫擊砲陣地射

擊，頗著成效，惟最易被敵發覺，遭其砲火損
害，故須多變換陣地。

三、我軍陣地構築多為極落伍之一線，被敵突破一
點，即毫無恢復能力，此後構築必須成據點式之
陣地帶，且第二線陣地須與第一線貫通，作為第
一線之後緣，方有伸縮之彈性也。

四、二月廿三日，敵向我廟行陣地突擊，其砲火猛
烈。射擊後步兵繼續躍進，被我守兵擊斃百餘
名，殺傷數百名，敵傷兵大多數均掩護救下，亡
者一部抬去，一部仍放棄於我陣地前。

三月一日午後六時，本旅在廟行時撤退時，敵步
兵跟跡追擊至楊煥橋，被我掩護部隊（第五一七
團第三營）以機關槍、自動步槍掃射擊斃二百餘
名。據派赴朱家橋附近收埋陣亡官長之士兵報
告，朱家橋附近土民稱三月三日婁塘鎮附近之
役，敵傷亡約七、八百人，彼等親眼看見抬去
約五百餘人云。

五、二月十九日午後十時，本旅奉命派步兵一連赴獅
子林砲台警戒南閘洞、北閘洞，並就近歸譚司令
啟秀指揮，當命第五一七團派兵一連（三營十三
連）前往，於廿二日午前二時到達，擔任警戒。
廿九日歸還建制。

六、人員傷亡、武器損失、彈藥消耗各表已先行
繳呈。

4・第八十八師戰役經過概要

俞濟時

一、戰役前之情形

溯自九一八東省事變以來，舉國敵愾，世界震驚，倭寇為轉移視聽作釜底抽薪之詭計，即有藉故擾我長江各埠之陰謀，我政府為防患未然計，乃命本師由首都移駐鎮江，設防戒備。倭寇雖屢欲尋釁，知我有備未敢妄逞，繼乃與前十九路軍換防，開駐杭州，官兵均以未得殺賊雪恥為憾，迨一二八上海事變發生，本師將士敵愾同仇，枕戈待命，惟師出以律，未可妄動，乃請纓殺賊，誓湔國恥。斯時倭軍始以海軍鹽澤司令驅其來滬之艦隊及陸戰隊，並加以居留上海之僑民，與我前十九路軍戰於閘北八字橋及吳淞蘊草濱之間，失敗後乃易以野村司令並增派其素稱精銳之特別陸戰隊來援，同時其金澤第九師團及久留米第十二混成旅團，亦均行將到滬。我政府鑑於倭人橫暴無理，知戰禍不免擴大，於事變之初起，曾令本師隨時準備出動，與淞滬友軍連絡。茲復於一月卅日奉列參謀部、軍政部兩部長電令，即時出動，開至蘇州歸蔣總指揮光鼐指揮。遵於二月二日由杭州、五夫分途出發，於四、五兩日先後由水陸到達蘇州，但二六四旅（缺五二八團）開往鎮江擔任警備。旋於六日接奉蔣總指揮電令，推進至黃渡附近為總預備隊，遵即星夜開拔到達指定地點。此本師參加滬戰之原始也。

二、廟行鎮之役

先是我十九路軍與倭寇戰於閘北八字橋之間及吳淞蘊草濱之線，因彼此兵力不大，多係巷戰，彼倭雖攜其新式兵器，火力不易發揚，效用不顯，而蘊草濱河流寬深可為憑藉，至江灣廟行之間，僅係小部隊之偵察戰鬥，故無大損傷。迨倭軍大部增援到滬後，預料將由巷戰轉為野戰，而江灣廟行之間便於大軍連動預料成為戰事之焦點，為一般軍事家所公認。而委座早鑒於此曾亦特電注意。本師於十七日奉命接任江灣鎮、廟行鎮至蘊草濱南岸一帶之陣地，適當野戰衝要。遵於十八日接防完畢，惟斯時敵之援軍甫行登陸部署未定，尚無劇烈戰鬥，接防後一方面增固工事，一方面廣行搜索，並佔領警戒陣地，驅逐敵之小部隊，實行威力偵察，且以前次友軍工事過於簡單，港汊紛歧地形不良，敵人易於接近，而廟行鎮、小場廟等處位置突出，為敵之天然有利之攻擊點，當令構築堅強據點以資扼守，並配屬山砲兵一連於該地區藉厚實力，為避免損害計，特令大縱深配備，規定防空部隊，從事諸種之準備。

按當日接防之始，第一感覺地形開闊，適當野戰要衝而復正面過寬不合戰術上之規定，尤其是對裝備完整之倭軍更屬可慮。第二則原選陣地未能利用天然地形（河川）作為障礙，徒以村鎮為憑藉，適為敵之良好目標，且正在敵之吳淞口後黃浦江艦隊砲火有效射程之內，但因時機迫切，未及重新選定，復以軍人首重服從，值茲國難臨頭更不能計及己身之利害，以盡我天職而已，此亦為而後陷於苦戰之一原因也。

二十日戰況

本日上午四時第二六四旅五二七團由鎮江歸還建制，正擬重新部署，敵乃大部來犯，於上午九時起先向我右翼小場廟、麥家宅間之警戒陣地威力搜索，並用猛力砲擊，同時敵機三五成隊，在空中用機槍掃射拋擲重量炸彈及施放信號，作為其砲兵射擊目標，意欲先造成恐怖景況，使我後方部隊不能運動及時增援前線，而敵步兵千餘人，附唐克車四輛，乃在其砲火及飛機掩護之下向我警戒陣地逼進，斯時乃以猛烈砲火向我本陣地射擊，尤以廟行鎮及大小麥家宅為其主要目標，經我警戒陣地守兵韌強抵抗，至下午二時始逐漸退回本陣地。斯時敵之主力約二千餘人，已行展開進入攻擊準備位置，向我右地區五二三團小場廟陣地開始攻擊，我陣地守兵早有準備，沉著應戰，敵雖衝鋒數次，均被擊退，死傷甚多，後經我陣地守兵奮勇出擊，敵乃狼狽逃去，戰至夜十二時將我警戒陣地完全恢復。據報本日向我陣地進攻之敵為倭軍金澤第九師團所部，希圖中央突破，計不得逞，受創甚巨，我亦傷亡官兵七十餘員名。

二十一日戰況

據由薀藻濱逃回難民報稱，敵人大部隊於本日夜向我陣地正前方廟行鎮、江灣鎮之間集結，甚為忙碌，同時接得右翼友軍之通告，在江灣鎮之瞭望稍亦見有敵之密集部隊約千餘人向我陣地方向移動。當飭我陣地官兵加緊修築工事嚴為戒備，廣行搜索以便迎頭痛擊。敵果於本日拂曉五時先以砲火燬我陣地工事，敵機亦早出

活動，與前次同一方法而砲火更加猛烈。復以又用步兵向我警戒陣地逼近，我守兵奮勇抗戰，將其先頭部隊擊潰。待至上午七時敵在其優勢掩護之下，同重疊之縱深配備前仆後繼節節向我逼近，意欲一舉攻我本陣地，我警戒陣地守兵不得已退回本陣地沉毅應戰，斯時我右地區陣地與敵相距僅百餘米，激戰甚烈，敵又另以一部向我五二七團第三營麥家宅陣地猛烈攻擊，並在浦西方面見有敵之密集部隊約一團以上之兵力，預料必為敵之總預備隊。當以戰鬥益趨慘烈，乃飭師預備隊五二八團向前推進，相機策應準備出擊，及戰至上午九時酣鬥益烈，敵以砲火延伸距離向我陣地後方要點射擊，以其步兵全力向我陣地衝鋒，往返肉搏十餘次。我陣地工事雖多燬壞，但我守兵再接再厲，奮勇抗戰，斃敵甚多，敵乃攻擊頓挫。我乃令廟行鎮守兵乘機由右側出擊，敵漸不支。相持至下午十時，敵乃利用暗夜退去，我亦以苦戰竟日未事窮追，將警戒陣地恢復，保持與敵接觸，準備再戰。斯役我共傷亡官兵四百六十餘員名，但官兵均能堅忍力戰，知敵慣用戰法，而其步兵之戰鬥力甚為薄弱，故士氣因之益壯。

二十二日戰況

據各方面情報及迭日觀察敵軍行動，知我軍非可易與積極充分準備，必以全力來犯。我既洞燭其隱，故亦枕戈以待而備迎頭痛擊，重新整頓部署以便與之決戰。敵果於本（二十二）日上午一時起以第九師團及久留米混成旅團主力乘夜間向我陣地開始攻擊，先向我五二七

團第三營大小麥家宅陣地襲擊，為我前進部隊奮勇截擊
狼狽逃去。迨至上午三時，敵乃集中砲火（戰壕重砲尤
多）向我陣地狂擊約在七、八千發以上，將我陣地工事
全毀，知一場惡戰不免。然以無相當砲兵對抗，而官兵
雖死傷於砲火者甚多，均抱與陣地共存亡之決心，不稍
畏怯，故士氣反因益盛，始終能沉毅應戰。乃適逢拂曉
大霧，敵機雖未能充分活動，而其步兵得以全力縱深重
疊配備向我陣地逼進，以我五二七團第三營麥家宅陣地
為其攻擊目標，戰鬥漸趨激烈，彈如雨下，敵我傷亡均
多，彼仍前仆後繼節節向我衝擊，演成白刃戰，反復肉
搏，殺聲震天，血肉橫飛，敵我莫辨。混戰至上午八
時，該營營長陳振新振臂一呼衝入敵陣，未及挽回戰況
飲彈陣亡，各級幹部亦傷亡殆盡，以致兵力薄弱，一時
難以維持，麥家宅陣地竟被突破一點，來勢甚猛，頗為
危急，團預備隊被阻於砲火增援失效。師長接得緊急報
告後，一方嚴令廟行鎮及趙店守兵死守要點，萬勿使破
口擴大，一方面令錢旅長、施團長乘勢反攻，奪回麥家
宅陣地。於是錢旅長倫體親率五二八團第一營白刃衝鋒
與敵肉搏，該旅長奮勇逾恆，爭先士卒，甫達陣地即重
傷胸部，猶留在陣地督戰高呼殺敵。此時我李副師長延
年率領工兵營一部，又五二八團第三營趕到，即佔領唐
東宅亙廟行鎮之線，包圍突入之敵，戰鬥至為激烈，工
兵營營長唐循陣亡，陳副旅長普民受傷，當此危機一髮
戰鬥慘烈之際，本師長為挽回戰況鼓舞士氣起見，乃親
率少數幕僚及五二八團之一營進至顏家宅督戰指揮，反
攻士氣為之振奮，精神百倍，雖數倍於我之強寇乘其方

張之勢燄，終未得進展，而我將士均抱必死之決心，與之一拼。敵見攻勢頓挫，不但突破未能成功，反受天然之包圍，陷於戰術上最不利之態勢，乃將所有駐滬倭寇悉數增加來援作孤注一擲。但我將士再接再厲，酣戰到底，莫不以一當百與敵人反復衝擊數十次，屍橫遍野，血肉模糊，景況之慘烈，為歷來所未有。而官兵愈戰愈奮，終將頑敵擊退，未得稍逞。迄於昨日暮敵終無如我何。旋奉總指揮官電諭頃接上海確報，敵之預備隊全數用盡，倭軍甚形恐慌，有準備總退卻模樣，以為時機可乘，為一網打盡聚而殲之之目的，決利用黃昏避敵機之視察轟炸，一方面從正面猛烈反攻，一方面商諸左右兩翼友軍迂迴敵側背，予以不測之出擊，則合圍之勢既成，乃前後夾擊，於夜十一時將當面之敵完全擊潰，死傷枕籍，遺棄軍需品甚多，分頭狼狽逃竄。斯役敵之金澤之第九師團及久留米混成旅團精銳傷亡殆盡。據確報倭寇傷亡計有三、四千名之多，無力反攻急電東京求援。我乃趕速整頓部署，修補工事，補充彈藥，掃清戰場保持與敵接觸。總計斯役敵以全力繼攻擊三晝夜，尤以二十二日戰鬥自上午三時起至夜十一時止反復肉搏歷廿小時之久，激戰之烈為自開戰以來所未有，計共傷亡官兵二千餘員名，為全戰役最有價值之犧牲。曾目睹當時戰況之悲慘，將士從容就義之壯烈，爭先恐後努力殺賊，始終不懈，得以摧破頑敵，演成中外聞名之廟行鎮戰役者，實為我將士平時受主義之陶冶、領袖之訓導，故均能深明大義，發奮為雄，殺身成仁，誠非偶然者也。濟時痛定思痛，略附數語用誌始末。

三、竹園墩之役

廟行戰役之後，本師傷亡既大，亟應整頓補充，遵令於廿四日晨將陣地移交六十一師接替，於本日夜始由陣地撤回蘇家宅附近集結整頓。乃於廿五日下午我六十一師陣地正面之敵猛烈攻擊，又告危急。乃復令本師第五二七團向王家衖推進應援六十一師，同時為謀整個策應友軍，並相機出擊起見，當令全部向康家宅李家庫附近推進。乃於廿六日接奉命令，以右翼軍之六十一師傷亡極大，亟待整理，其小場廟以西竹園墩中間之地區起，至竹園墩以北亘廟行鎮南端之防務，由右翼軍派八十八師擔任之，本師奉令後雖因整理尚未就緒種種困難，然為國家及友軍關係，遵即按時接替。斯時僅小場廟及麥家宅方面均各有敵三、四百名，企圖妨害我軍修補工事。惟敵以新受重創之餘，不復敢輕於侵犯，故戰況較為沉寂。旋據確報敵之援軍已陸續到齊，正在準備，似有日內向我總攻擊模樣。本師亦嚴加戒備，期與一拼。

二月二十八戰況

是日聞敵之大將白川業已抵滬，並帶所增援之兩師團約四萬人亦已到達。由此判斷大戰即將開始。當飭加固工事，嚴陣以待。惟江灣鎮業由右翼友軍放棄，連日小戰我亦傷亡官兵五、六百餘員，施團廖營長齡奇受傷。而竹園墩位置突出，成為敵之天然攻擊點，甚堪注意。故特令守兵特別嚴防以免疏虞。

二十九日戰況

是日下午九時，敵以猛烈炮火向本師全陣地集中射擊約千餘發，同時其步兵約千餘名，藉砲火之掩護向我陣地進攻，戰鬥甚為激烈，我官兵沉著應戰約三小時之久，將該敵擊退。

三月一日戰況

連日以來敵之攻擊準備既畢，預料惡戰即將開始，復以其援兵均已到達，為數既多，必利用其艦隊之威力，駛進我長江沿岸脅威我側背。我委座曾已早鑒於斯，特電注意。敵果於本（一）日拂曉起先向我閘北八字橋蘊藻濱一帶佯攻，繼以主力向我楊家樓下竹園墩之陣地主攻，企圖中央突破，另以一部在楊林口七丫口登陸，威脅我軍之左側背，同時以猛烈炮火向本師陣地集中射擊，密如聯珠，陣地工事大部被毀，我後方各要點亦均遭砲擊，同時其飛機隊亦甚活動，轟炸掃射以掩護其步兵前進。而我陣地守兵知敵慣用戰術，沉著應戰，敵雖衝鋒數十次，均經擊退，死傷亦多，卒不得稍逞。同時我軍全戰線均陷於苦戰狀況，天昏地暗，於彈雨砲煙之中殺聲震天，乃我右翼軍七十八師因傷亡過多，致守廣肇公所陣地之第一團於正午十二時卅分被敵突入，本師竹園墩陣地因被包圍側射，戰鬥漸趨慘烈，但仍堅守以待該師之反攻，以期恢復原陣地。同時為策應友軍起見，並向敵側背猛攻以期挽回戰況。但我右翼友軍七十八師雖調援隊數度反攻，卒因傷亡過多，於下午三時許全線撤退。我六十一師張旅乃重新佔領第二線陣

地，收容七十八師之撤退。斯時戰況愈趨惡化，本師陣地因而陷於重圍，但我官兵仍抗戰如故，於午後四時始奉命撤守第二防線，與右翼友軍確實連絡。旋因我瀏河楊林口、七丫口方向友軍薄弱，登陸之敵向我側背直進，旋於十時卅分接奉令於十一時開始向馬陸鎮、嘉定、太倉之線撤退。斯役因本師抗戰最烈，撤退亦遲，故犧牲頗大，但為掩護友軍得以從容佔領，第二線陣地不僅攸關全局，且亦為軍人應有之武德。連日以來竹園墩之戰役雖不得已撤退，此點頗堪注意，為有價值之犧牲也。

四、戰役後之感想

本師於二日晨撤至嘉定，部署甫定，乃於三日我左翼八十七師孫旅正面婁塘陣地與敵人接觸，戰況不利，下午三時復奉令撤至外崗，旋於下午八時奉令撤集常熟，構築工事，作長期之抵抗，積極整理補充。全戰役本師計傷亡官佐二百十五員，士兵三千〇六十五名，亦云慘矣。回憶當時本師請纓殺敵，原未敢計及成敗利鈍，志在報國而已，故僅守服從，對正面之寬窄地形之良否，均非敢計及。而一般無聊之人，猶復造作蜚語，有意中傷本師始終未任瀏河防務，甚有報載此次撤退係因瀏河八十八師先行撤退云云，殊不值一笑。茲者是非大白，當時本師處境之衝要，為有識者所公認，奇恥未雪，國難方殷，惟有一本軍人天職，隨我袍澤之後努力以赴之者也。

陸軍第八十八師抗日戰役人員傷亡失蹤數目調查統計表

自二月十四日至三月三日

部　隊　　　區　分		官佐			士兵			合計
		受傷數	陣亡數	失蹤數	受傷數	陣亡數	失蹤數	
司令部			2		1		2	5
特務營							4	4
工兵營		2	2		43	4	2	53
幹部教育總隊		3			28	16	2	49
第二六二旅	旅司令部							
	第五二三團	46	15	1	459	357	31	909
	第五二四團	17	10	1	415	237	35	715
第二六四旅	旅司令部	1			1			2
	第五二七團	42	21	7	469	371	40	950
	第五二八團	38	15	1	364	279	37	734
通信連							4	4
衛生隊					5	1	5	11
輸送隊		1			5		2	8
山砲連							17	17
統計		150	65	10	1,789	1,266	181	3,461
附記		一、此表係依據各部隊所報告名冊而彙成。 二、生死不明之士兵亦含於失蹤數內。						

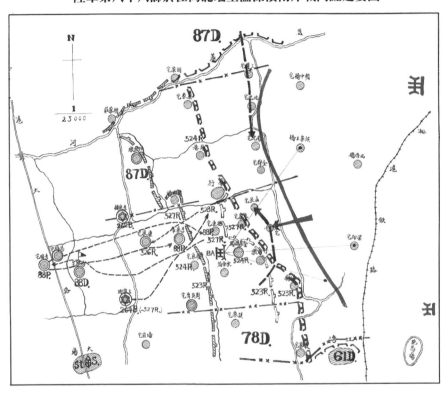

陸軍第八十八師於江灣北端至蘊藻濱南岸戰鬥經過要圖

註 記

━▶　部隊行動方向

━━　二月十七日至二十三日我軍之位置

⌐⌐　二月二十六日至三月一日之位置

◢◣◣　三月一日午後七時後之位置

◀━　二月二十二日我逆襲之位置

5・第八十八師作戰傷亡官佐名冊

第五軍第八十八師在滬與日寇作戰陣傷官佐姓名簡冊

部　別	階級	職別	姓　名	年齡	籍貫	陣傷日期	陣傷地點
第二六四旅旅部	少將	旅長	錢倫體	39	浙江嵊縣	2月22日	唐東宅
第五二三團	上校	團長	馮聖法	29	浙江諸暨	3月1日	水車頭
第一營營部	少校	營附	袁振聲	32	江西宜春	3月1日	竹園墩
第一連	上尉	連長	晏　彪	22	湖南醴陵	2月21日	郭家宅
	中尉	連附	何　瀾	21	湖南道縣	2月24日	郭家宅
		排長	潘丙南	26	湖北鄂城	2月23日	郭家宅
			熊鐵民	26	江西九江	2月23日	郭家宅
	准尉	半排長	戴有義	24	浙江永康	2月23日	郭家宅
第二連	上尉	連附	黃　鉞	27	江西贛縣	2月28日	竹園墩
	中尉	排長	徐中堅	25	湖南邵陽	2月28日	竹園墩
	准尉	半排長	葉　蓉	28	江西上饒	2月28日	竹園墩
			杜其豪	28	浙江東陽	2月22日	嚴家橋
第三連	中尉	排長	張從周	30	湖北羅田	2月22日	郭家村
	准尉	半排長	李述蕃	28	湖南寶慶	2月23日	郭家村
	上尉	連長	石補天	23	湖北黃岡	3月1日	竹園墩
	少尉	排長	楊柏槐	22	湖南	3月1日	竹園墩
	准尉	半排長	王紹良	24	湖南	3月1日	竹園墩
		代排長	金玉高	27	湖北	3月1日	竹園墩

部　　別	階級	職別	姓　　名	年齡	籍貫	陣傷日期	陣傷地點
第二連	上尉	連長	李允敬	26	四川資中	3月2日	竹園墩
	中尉	連附	羅靄輝	28	廣東興寧	3月2日	竹園墩
		排長	周培銘	20	湖北天門	3月2日	竹園墩
	准尉	代排長	張　域	30	湖南澧縣	3月2日	竹園墩
第四連	上尉	連長	王德潤	31	湖北黃岡	2月22日	竹園墩
	中尉	排長	余　定	27	湖南長沙	2月21日	郭家宅
			呂晉達	20	江西永修	2月23日	郭家宅
	准尉	代排長	王伯科	28	湖南湘潭	2月29日	李家木橋
第五連	上尉	連長	張凱雄	28	湖南湘鄉	3月1日	竹園墩
第二營營部	少校	營附	楊乘時	34	浙江諸暨	3月1日	蘇家園
第六連	准尉	半排長	杜興德	19	江西南昌	3月1日	蘇家園
第七連	中尉	排長	盧　平	27	浙江東陽	2月22日	丁家橋
	上尉	連長	梁　筠	23	江西泰和	2月28日	蘇家園
第八連	中尉	排長	徐芳營	24	廣西桂林	2月22日	小場廟
	上尉	連長	夏世俊	25	湖南寶慶	3月1日	蘇家園
	少尉	排長	盧浦溮	25	浙江臨海	3月1日	蘇家園
			李福光	24	河北北平	3月1日	蘇家園
第九連	中尉		張梓開	23	湖南益陽	2月21日	廟行鎮
	少尉		向武勖	29	江西萍鄉	2月23日	廟行鎮
	中尉		劉振華	25	湖南益陽	3月1日	蘇家園

部　別	階級	職別	姓　名	年齡	籍貫	陣傷日期	陣傷地點
第十一連	上尉	連長	梅作楫	23	湖北黃梅	2月24日	廟行郭家宅
	中尉	連附	廖明恥	22	湖南	2月24日	廟行郭家宅
	少尉	排長	劉元伯	19	湖北武昌	2月23日	廟行郭家宅
第十二連	中尉	連附	徐啟光	25	浙江青田	2月22日	江灣
		排長	李紹裘	27	湖南寶慶	2月22日	江灣
	准尉	排長	金雲初	22	浙江永嘉	2月22日	江灣
第十三連	上尉	連長	蔣和	25	湖南寶慶	2月22日	江灣
	中尉	排長	章憲斌	26	湖北嘉魚	2月22日	江灣
第十四連	上尉	連長	歐陽平	21	湖南安仁	2月23日	後郭家宅
	中尉	連附	葉挹芳	27	浙江青田	2月23日	後郭家宅
第五二四團第六連	上尉	連長	謝秉權	28	福建上杭	2月22日	廟行
	中尉	排長	李冠潮	24	廣東儋縣	2月22日	廟行
			胡贊華	25	浙江永嘉	2月22日	廟行
第八連			鄧樹藩	24	湖南	2月22日	廟行
	准尉	半排長	王劍波			2月23日	
第十連	中尉	排長	歐陽鈞	24	湖南武岡	2月23日	廟行
第十二連			楊學林	26	湖北蘄水	2月22日	廟行
	少尉	排長	許文德	26	河南許昌	2月22日	廟行
第十三連	中尉	連附	向外	25	湖南黔陽	2月21日	廟行
		排長	黃瑤琨	23	湖南東安	2月22日	廟行
第二連	中尉	排長	劉季瑜			3月1日	金家木橋
第六連	准尉	代排長	李伍			3月1日	金家木橋
第八連	中尉	排長	朱勗			3月1日	金家木橋
第九連			雷雄			3月1日	金家木橋

部　別	階級	職別	姓　名	年齡	籍貫	陣傷日期	陣傷地點
第五二七團第一營	中校	營長	周嘉彬	26	雲南昆明	2月22日	沈家溝
第一連	上尉	連長	徐君若	25	江蘇海門	2月22日	沈家溝
	中尉	排長	張　展	28	浙江青田	2月22日	大麥宅
	少尉		陳壽亭	31	浙江東陽	2月22日	大麥宅
	准尉	特務長	吳奠環	24	安徽宿松	2月22日	大麥宅
第二連	上尉	連長	楊熙宇	27	四川南部	2月21日	大麥宅
	中尉	連附	黃　晴	23	湖南醴陵	2月21日	大麥宅
		排長	唐　鼐	25	湖南零陵	2月21日	大麥宅
	少尉		陳雲章	27	湖南東安	2月21日	大麥宅
第四連	中尉		婁樹民	27	湖南瀏陽	2月21日	小麥宅
	中尉		朱瑞珍	23	湖南湘鄉	2月21日	小麥宅
	中尉		何　畏	24	湖南益陽	2月21日	沈家溝
第二營	中校	營長	廖齡奇	26	湖南祁陽	2月29日	竹園墩
	少校	營附	金式祁	31	浙江東陽	2月22日	小麥宅
第七連	上尉	連長	徐志達	27	湖南長沙	2月22日	竹園墩
第八連	上尉	連長	趙德基	25	湖南平江	2月22日	竹園墩
第三營	少校	營長	陳振新	26	河北應城	2月22日	麥家宅
第十一連	中尉	連附	溫玉麟	28	浙江平陽	2月21日	麥家宅
	准尉	半排長	鄧仁軒	20	廣東四會	2月21日	麥家宅

部 別	階級	職別	姓 名	年齡	籍貫	陣傷日期	陣傷地點
第十二連	上尉	連長	童亞僕	24	貴州水城	2月21日	麥家宅
	中尉	排長	葉烈南	27	廣東徐聞	2月21日	麥家宅
			袁濤泉	25	湖南寧鄉	2月22日	竹園墩
	少尉		胡玉麟	21	浙江永嘉	2月22日	竹園墩
	准尉	半排長	賀炳坤	27	湖南寶慶	2月22日	沈家溝
第十四連	上尉	連長	金立志	39	浙江東陽	2月22日	沈家溝
第八連	中尉	排長	賀永祥	21	湖南攸縣	2月22日	沈家溝
第十一連	少尉	排長	周禮堂			2月29日	竹園墩
			于連生			2月29日	竹園墩
第十二連	上尉	連長	刁遠鵬	27	廣東興寧	2月29日	竹園墩
第十四連	中尉	連附	張醒吾	24	湖北漢口	2月29日	竹園墩
		排長	余蘭陔	23	湖南岳州	2月29日	竹園墩
	准尉	排長	李鎮湘	25	湖南零鄉	2月21日	沈家溝
榴彈砲連	准尉	代連附	柴景春	26	山東郯城	3月2日	嘉定東門大街
第五二八團團本部	少校	團附	吳冲雲	29	浙江青田	2月22日	廟行
第一營	中校	營長	方引之	32	浙江奉化	2月22日	廟行
第一連	中尉	排長	黃河海	23	廣東羅定	2月22日	廟行
第二連	中尉	排長	蕭北辰	25	湖南新化	2月22日	廟行
			周桂標	28	湖南寧鄉	2月22日	小麥宅
			湛廷輝	22	河南信陽	2月22日	小麥宅
	准尉	半排長	陳培元	24	江蘇嘉定	2月22日	廟行

部　別	階級	職別	姓　名	年齡	籍貫	陣傷日期	陣傷地點
第三連	中尉	連附	高立言	23	雲南通海	2月22日	廟行
		排長	王　良	20	浙江臨海	2月22日	廟行
第四連	中尉	排長	殷李樸	24	湖南武岡	2月22日	廟行
第二營第六連	准尉	半排長	黃海波	31	廣東合浦	2月22日	廟行
第八連	上尉	連長	王　建	25	江蘇宜興	2月22日	廟行
	准尉	半排長	龔　華	23	廣西桂林	2月22日	廟行
			樓志雲	26	浙江浦江	2月22日	廟行
第九連	中尉	排長	譚文新	27	湖南茶陵	2月22日	廟行
			聶樹南	30	湖南湘鄉	2月22日	廟行
第三營	中校	營長	闞　淵	28	浙江杭縣	2月22日	廟行
第十一連	中尉	連附	陳一軌	25	福建龍溪	2月22日	廟行
		排長	黎　仁	24	四川營山	2月22日	廟行
			羅建臣	24	湖南長沙	2月22日	廟行
第十二連	中尉	連附	劉晉潛	26	湖南醴陵	2月22日	廟行
	准尉	半排長	鄭　騫	25	廣東大埔	2月22日	楊煥橋
第十三連	上尉	連長	戴天猷	24	湖南寶慶	2月22日	楊煥橋
	中尉	排長	朱運芝	29	湖南寧鄉	2月22日	楊煥橋
第十四連	上尉	連長	黃永淮	25	四川安岳	2月22日	廟行
	中尉	排長	潘仲箎	24	湖北黃陂	2月22日	廟行

部　別	階級	職別	姓　名	年齡	籍貫	陣傷日期	陣傷地點
工兵營二連	上尉	連長	曾鴻基	26	湖南長沙	2月22日	廟行
工兵營三連			施汝德	24	貴州甕安	2月22日	廟行
工兵營一連		排長	李　頤	22	湖南醴陵	3月2日	嘉定
幹部教育總隊	上校	總隊長	陳普民	33	浙江瑞安	2月22日	侯家木橋
幹部教育總隊第一隊	上尉	代隊長	鄥吉翰	26	江西上饒	3月1日	康家宅
幹部教育總隊第三隊	准尉	區隊附	梁　超	26	江蘇上海	2月22日	韓家橋
合計							129員

備考

第五二三團第一營營部第一連准尉代排長金玉高，該員係陣亡。

第五二三團第二營營部第八連少尉排長李福光，該員係入院後亡故。

第五二三團第十二連准尉排長金雲初，該員入院亡故。

工兵營二連上尉連長曾鴻基，該員仍在連服務。

幹部教育總隊上校總隊長陳普民，原第二六二旅副旅長。

師長俞濟時

中華民國二十一年三月　日

第五軍第八十八師在滬與日寇作戰陣亡官佐姓名簡冊

部　別	階級	職別	姓　名	年齡	籍貫	陣亡日期	陣亡地點
工兵營	上校	營長	唐　循	30	湖南零陵	2月22日	塘東橋東
第五二三團	上尉	服務員	雷翼龍	28	四川璧山	3月1日	水車頭
第一連	中尉	排長	連逸卿	24	廣東潮州	2月22日	前墩家宅
第二連			俞善為	25	浙江金華	2月29日	竹園墩
第六連	上尉	連長	許永賢	26	浙江諸暨	2月22日	小廠廟
第六連	准尉	半排長	胡鳳翔	28	江蘇寶應	2月21日	小廠廟
第八連			駱雁行	21	浙江永康	2月21日	小廠廟
第九連	中尉	排長	鍾筱筠	25	江西靖江	2月21日	廟行
第十一連	中尉	排長	劉光鑑	26	湖南	2月23日	後郭家宅
第十二連	上尉	連長	陳紹笙	28	浙江青田	2月22日	江灣
第十二連			任秀根	29	河南	3月1日	江灣
第十二連	准尉	代排長	蔣炳龍	25	浙江楓涇	3月1日	江灣
第十二連	准尉	代排長	金雲初	24	浙江永嘉	2月22日	嚴家橋
第十二連			李福光	21	江蘇上海	2月22日	嚴家橋
第五二四團第一營	少校	營附	盧志豪	28	浙江永嘉	2月22日	廟行
第二連	上尉	連長	李德富	25	四川屏山	2月22日	廟行
第三連			周傳炳	28	湖南瀏陽	3月1日	陳家橋
第二營	中尉	副官	章煦東	25	安徽東流	2月22日	廟行鎮
第八連	准尉	代排長	陳鎮南	32	浙江青田	2月22日	廟行鎮
第十二連	上尉	連長	唐　鄴	26	湖南常寧	2月22日	楊煥橋
第十二連	准尉	特務長	譚維禎	23	湖南常寧	2月22日	楊煥橋

部 別	階級	職別	姓 名	年齡	籍貫	陣亡日期	陣亡地點
第十三連	上尉	連長	馬 聰	22	湖南湘潭	2月22日	廟行
	中尉	排長	張 熙	21	湖北蘄水	2月22日	廟行
第十四連	中尉		高鵬翼	21	湖北武昌	2月22日	廟行
第五二七團第一營	少校	營附	徐 旭	32	浙江永康	2月21日	朱家宅
第一連	上尉	連附	趙公毅	26	浙江諸暨	2月22日	麥家宅前
	中尉	排長	李公尚	27	浙江永康	2月22日	麥家宅前
	中尉	排長	張 展	28	浙江青田	2月22日	麥家宅前
	准尉	半排長	陳桂鴻	24	湖南宜章	2月22日	麥家宅
第二連	中尉	排長	朱煥然	26	湖北江陵	2月21日	麥家宅
	少尉		張 斌	23	湖南醴陵	2月21日	麥家宅
	准尉	半排長	陳 益	35	湖南祁陽	2月22日	麥家宅
第三連	中尉	連附	商友宇	22	湖江嵊縣	2月22日	麥家宅
第四連	上尉	連長	胡濟川	24	浙江臨海	2月21日	廟行鎮
第七連		連附	錢瀛川	29	浙江慈溪	2月26日	廟行鎮
第八連	少尉	排長	陳鼎勳	23	廣東茂名	3月1日	竹園墩
第十一連	上尉	連長	傅允文	26	浙江義烏	2月22日	竹園墩
	中尉	排長	劉伯軒	23	湖南邵陽	2月29日	沈家溝
	少尉		曹 榮	28	浙江金華	3月1日	沈家溝
第十二連	上尉	連附	許培華	30	江西宜黃	2月22日	孟家宅
	准尉	特務長	何養新	24	浙江新登	2月22日	沈家溝
	中尉		鄭在邦	26	浙江寧海	3月1日	孟家宅

部　別	階級	職別	姓　名	年齡	籍貫	陣亡日期	陣亡地點
第十四連	中尉	排長	林彌堅	22	廣東平遠	2月29日	竹園墩
			任益珍	25	浙江永嘉	2月22日	沈家溝
	中尉		張文良			2月29日	孟家宅
第五二八團第二連	上尉	連長	駱朝宗	29	浙江義烏	2月22日	塘家宅
第三連	准尉	半排長	查英	22	浙江寧海	2月22日	塘家宅
第四連	中尉	排長	梁修身	25	湖南安化	2月22日	塘家宅
第六連	中尉	排長	盧世鍾	26	廣東興寧	2月22日	廟行
	少尉		王倫敦	26	四川成都	2月22日	廟行
第十二連	中尉		顧桂煒	25	浙江諸暨	2月22日	楊煥橋
	上尉	連長	萬羽	28	湖南武岡	2月24日	上海紅十字會亡故
第三營部	少校	營附	呂義灝	26	浙江東陽	2月22日	廟行
第十一連	少尉	排長	李章	26	廣東羅定	2月22日	楊煥橋
第十三連	中尉		張夢文	26	湖南東安	2月23日	楊煥橋
			胡家驊	25	湖北荊門	2月22日	楊煥橋
第十四連	少尉		王志英	22	廣東興寧	2月22日	廟行
第十一連	上尉	連長	駱健郎	24	四川古藺	2月22日	楊煥橋

備考

第五二三團上尉服務員雷翼龍，該員代理第三連連長陣亡。

第五二七團第一營第一連中尉排長張展，該員傷勢甚重，當有一線希望。

第五二八團第四連中尉排長梁修身，陣亡地點談家宅南端。

師長俞濟時

中華民國二十一年三月　日

6．上海戰事的認識及其教訓

蔣介石

三月十六日

對第一師營長以上官長訓話

際此國家生死存亡關頭，祇有用我們的熱血與不顧一切，以與倭寇決一死戰。反動派的謠言同挑撥離間，甚過敵人的砲丸，不可輕信。

八十八師的戰績為最好，反動派的汙衊已被事實所否認。

第一師是革命模範的基本隊伍，此去與倭寇作戰，要有過相承，有功相讓，團結一致，奮發為雄。

自從倭寇日軍同我們開戰以來，我們的國家、政府、黨部正在生死存亡的關頭，國民革命軍人在此國家生死存亡的關頭，祇有用我們的熱血，不顧一切地犧牲，以與倭寇決一死戰，藉以表示我們的革命精神與民族愛國的精神。

從上海戰事發生起，我個人對國家與軍隊，幾乎沒有一時一刻不在苦心焦慮，負責以求挽救全局。

有許多人說，上海戰事發生以後，我想保存實力，不願與倭寇戰爭，不願派軍隊去上海增援。甚至還有說我主張同日本妥協、議和、誤國等等侮辱的傳說，不一而足，我差不多成了眾矢之的。

一切反動派都在投井下石，想藉機會攻擊我，使我無地自容，不僅我個人，且想使中央軍隊全部毀滅。他們有兩個很重要的口號。

　　第一個是凡屬黃埔系的軍隊，在上海作戰，不管你怎樣努力犧牲，他們總是事先把宣傳品或報紙做好，誣蔑你打敗仗。比如這回八十八師被派到上海作戰，戰爭尚未起始，他們就說俞濟時師的士兵逃走、搶掠。明日打戰，失敗的消息，今日即已傳出。那個師長已被槍斃，那個團長在某處玩，被十九路軍捉了去。等等謠言都被散佈出來了。這樣一來，我們不僅吃力不討好，而且從前的光榮與名譽也都完全敗壞了。

　　第二個口號更狠毒。若是軍隊不能即刻加上去，他們就說蔣某人不援助上海戰事，想保存實力，儘讓別人的軍隊失敗，並且還來我們軍隊中挑撥離間，務使隊伍以後不受我們的指揮。

　　軍隊不能立即加上去，便說我們不願戰爭，只想保存實力，軍隊加上去了，又說我們的軍隊不行，搶掠、奸淫、打敗仗，凡是軍隊的失敗，就都說是我們的軍隊，使你領袖同軍隊均無立足之地。這種反動的宣傳，比日本敵人的槍炮還要厲害好幾倍。

　　實際上這回八十八師在上海作戰，官長死傷二百餘人、士兵死傷二千七百多名。全師通共只有四團人，死傷的官兵有三千人，這樣犧牲之大，損傷的情形比民國十四年打惠州的時候，還要厲害，我們並沒有與人家爭功，表現自己的光榮。反動派卻說我們的軍隊怕死、逃跑、沒有犧牲。反動派的陰謀，是不許國民革命軍、革命軍人及其領袖存在，所以無論你怎麼努力、犧牲，他們總要說是失敗，所有失敗的罪名，通同加在我們的軍隊身上。

我們自己官兵中間，不知是反動派的惡計，也有不知不覺地說自己不好的，其實，這些人是給反動派利用了。別的軍隊不好，自己內部總是包瞞，我們軍隊卻不僅不能包含自己。還要接受反動派的奸計，自己也說自己不好，這是很不應該的。

在前線的軍隊，不論那一師的軍紀，好壞總有不齊的，若說個個人好，或者個個人都不好，那是沒有的，一團之中總有不好的兵，逃兵也免不了，若是自己也幫著反宣傳，則你受到前所未有的大犧牲，結果沒有一點名譽，那是很痛心的事。

第一師尚未加上作戰之前，要知道前面有倭寇的敵人，後面有反動派謠言的中傷，這樣內憂外患之擴展，將來可使我們沒有立足的餘地。所以大家必須知道自己的環境及敵人與反動派的險惡，大家都得加緊努力，以打破當前的困難。

這回在上海與倭寇作戰，一般友軍如十九路軍的高級官長，都很明白我們已盡心竭力援助他們的軍隊，在南京的彈藥幾乎大部都已發給他們去了，計子彈八百多萬發、機關槍□挺，大砲五十多門、步槍二、三千支，八十七師同八十八師完全沒有，這都有電報文件可以證明。

現在十九路軍在上海附近，正當國家在生死存亡關頭，你們去援救他們，不好與他們爭功，十九路軍的勝利，即是中國的光榮，十九路軍若失敗，就是中國的恥辱，所以你們要絕對服從命令，不好爭功。

你們增加上去之後，反動派一定又會造許多謠言來

挑撥兩軍的感情，你們應該埋頭努力，作無名英雄，為
國犧牲，不受任何人的離間，才配作革命軍人。

警衛軍這次完全依照我的話，人家誣謠他們打敗
仗，他們不講話，他們犧牲那樣大，也不稱功，甚至各
種不好的現象，都說是八十八師鬧出來的，也不申辯，
這真是有過相承，有功相讓的表現，人家有過，我們承
受，我們有功，相讓別人。現在上海方面的空氣，責罵
八十八師，幾乎無所不至了，除我個人忍受這種恥辱之
外，還有全師官兵感受這樣痛苦。不過我們身體性命都
可犧牲，實何有於外間不正的毀譽。祇要克盡我們的責
任，憑自己的良心，以為黨國努力，將來的戰爭史上，
總會有真實的記載。所以我們不好與別人爭功名，爭來
的功名不能久遠。

凡是革命軍人，尤其你們第一師是我的部下，格外
要有奮鬥、犧牲的精神，對友軍必須謙和，有功相讓，
有過相承，這樣下去，總有一天會被人知道，一時的功
名實在沒有爭取的必要。

這回警衛軍的戰績，昨天十九路軍的蔣總指揮來
講，八十七師、八十八師的好處，近已完全表現出來，
無論如何勞苦的任務，他們全不推辭。實際我是非常公
道，並不袒護那一方。這回上海的戰爭，可說八十八
師打得最好。我們祇要查看地圖，便可知道八十八師
的好處。

因為八十八師是擔任正面的戰鬥，敵人的砲火通通
集中在他們的陣線內。雖則可說指揮官不量力，不管自
己有多少力量，隨便應承擔任過大的任務，是不對的。

八十八師祇有四團人，要擔任六個啓羅米突的正面。十九路軍十七團人擔任的正面，與警衛軍八團人一樣，戰區分配之後，指揮官不計自己的隊伍可否擔任得下，致使部下吃苦，受到莫大的損傷，指揮官是要負責的。

二月二十二日那天，倭寇的海陸空軍大舉進攻，在廟行鎮方面八十八師之一團，因敵人砲火過大，給敵人衝破了一點，但八十八師始終並未放棄全個廟行鎮，且使十九路軍及警衛軍之另一旅，得以從容施行包圍，打了一個大勝仗，這即是說八十八師當時雖有一個團稍退，但對全個戰局的影響卻很好。

可是當日上海方面的人，便大造謠言說八十八師如何如何的亂七八糟。其實，當時攻擊廟行鎮的敵人，用了九十幾門大砲，連續攻打了六小時，當然，被攻擊的軍隊不免陣線有些零亂，要是指揮不好的話，早就已經崩潰了。

從來沒有這樣激烈的戰事，用九十幾門大砲攻擊廟行一點到六小時，首當其衝的陣線，雖被敵人擊破，全線卻仍能守住不動，待至廿三日，仍然恢復到原有的陣線。如果八十八師真是亂七八糟，或是不行的話，則廿二日那樣激戰之後，為何尚能維持，而且第二日又能恢復呢？我們要問事實，要講公道，不能因為人家說不好，我們也跟著講不好。

事實很明白，八十八師從廿二日激戰之後，損失很大，並無其他軍隊接防，到廿三日還能維持原有的陣線，可見八十八師並未敗潰。我作一個高級將領，如果祇聽別人的話，俞濟時師長來南京，我便應該重辦，但

是我很明白一般情形，八十八師從十九日打起，廿日、廿一日、廿二日，都是連日的苦戰，到廿三日還能維持原有陣線，這是很有功勞的，不能說陣線稍有變亂即是不行，八十八師的官長是很有把握的。

　　三月一日失敗了，給敵人衝破了陣線。當日午刻我接到蔣總指揮的報告，說左翼東邊七十八師給敵人衝破了，後來蔣光鼐指揮派兩團預備隊去增援，無濟於事，到下午四點，敵人從七十八師那邊的缺口，衝到八十七師、八十八師的左側背來了，八十八師幾已全被敵人包圍，這時正面的炮火以及天空飛機擲下的炸彈，當然十分猛烈，要維持真是困難，但八十八師仍能維持到天黑以後，始接受命令撤退。可是二日上海的報紙，卻說八十八師防守瀏河失敗。廟行距瀏河三十多里，瀏河失守，與守廟行的八十八師有什麼關係呢？早前兩日我曾電告蔣總指揮，要他控制三團預備隊守瀏河，但是他們沒有照辦，所以便遭失敗，可說這與八十八師全不相干，而況八十八師的撤退，還是因為七十八師的影響！

　　在此，我們應該知道，八十八師犧牲如此之大，那樣努力奮鬥，不但沒有得到一點光榮，甚至還要遭受人家的毀棄，這便是反動派的陰謀，他們要毀滅黃埔系的軍隊，要打倒黃埔學生及黃埔軍隊的領袖，不是這樣，反動派便不能起來。

　　無論哪一時代，在政治上聲望愈高力量愈大的人，必定受人家攻擊，凡在歷史上有地位同力量者，當時的反動派，都是群向他攻陷，甚至還要謀殺他。

　　隨便那一個時代，如有真正愛國家、救民族主張的

人，人民總不免對他痛恨，因為人民多不明白政治，易受反動派的包圍與矇蔽，救國救民的人，往往遭人毀棄，但是事後三、五十年或者百年之後，是非是會明白的，一時的毀滅，又焉用怕呢？

我們革命的人格、精神、道德力量比那一個人都大，由於反動派的反對，更可測驗我們力量之大，這是我們覺得很快愉的事。

大家要知道，今後的環境是這樣惡劣，反動派最大的目的，在使我們所有的軍隊，通通集中到江浙，同日本打仗。他們借了日本來打我們，要是不打，就說你是軍閥，想保存實力，賣國禍國。

不過萬一不幸，我們的力量給敵人打敗了，他們沒有力量反抗日本，當然不免要做日本的奴隸。因為他們沒有力量來打我們，卻要借重日本，這即是他們通敵賣國的表現，可是他們卻反而說我們賣國、怕敵人。比如陳友仁那一般秦檜同反動派賣國的事實，不久當可明白，我們的言論、行動究竟是對。

反動派想使我們的力量集中到江浙同日本人拼命，我們軍隊只要能夠集中，自應同日本軍隊拼命，當然，在軍事上，也許沒有什麼把握，但卻不一定會被日本人消滅，作興還可轉禍為福，在此十分危難之際，我們便可以成功革命。

各同志要知道，我們現在已到了復興的時候了，無論什麼事情，總是否極泰來，我們現在的環境，可說困難惡劣到了極點，在這個時候，我們也可達到成功，祇要大家都能努力奮鬥，拿出各人的血性來同生共死，共

患難，同休戚，成功是可預期的，我們決不會使總理、黃浦已死的先烈、上官或部下倒霉，如果大家都能本著自己的良心血性，克盡各人的責任，相信我們總有一天會得到大多數人的諒解，總有一天可以完成我們的事業。

好在這回上海作戰，八十七師、八十八師同十九路軍的高級將領，大家都很明白，不受反動派的離間，兩軍的感情尚好，雖則下級官兵稍有不明事實同不盡原諒之處，但高級官則和好為常，我對他們好，他們也很明白。

現在我們環境惡劣，國家存亡，間不容髮，救亡求存即是各位軍隊同志的責任。革命腐敗已至極矣，如今要求復興，全賴各位軍官多努力。

總理遺留下來的革命力量，僅祇剩了這一部份，望大家如同在家庭一樣，要為家裡爭一口氣，不要腐敗、浪漫或者互相妒忌，官長之間，那一個有功勞，即是我們自己有功勞一樣，有過相規，有善相勸，務使軍隊的精神切實團結起來。大家要有同生死共患難的精神，無論什麼勞苦，任何犧牲，在所不顧。即今死了，也可對得起總理在天之靈，活著更可以對得住全國的國民。

第一師的官兵，通在我領導下之革命，因為現在一般人，要毀滅我個人，不免牽連到要消滅你們，所以你們必須格外努力，洗刷人家誣蔑我們的恥辱。人家傳說蔣某人的部下，同他所練的軍隊，已是腐敗不行了，甚至還說我們官兵，不好到奸淫、擄掠，這些恥辱通要洗刷乾淨，要在事實上、精神上表現給人家看，然後今日

的第一師仍為昔日的第一師，國民革命軍仍舊是國民革命軍。

任何帝國主義者都不能消滅我們，祇有黃浦的力量才能建設中國，祇有總理遺下黃浦的力量才可改造中國，完成中國的革命事業。

你們是國民革命的基幹，黨國存亡之的責任，全在大家身上，大家待遇部下士兵，要如同兄弟手足一樣，比如一營五百多人，便全營都要共患難同生死，連、排長更要與士兵同甘苦共休戚。

倘若官是官，兵是兵，大家如同路人一樣，部下有病，官長不理，這種軍隊便不免要被消滅。

現在黃浦學生作連長的人已少，這是很不好的現象，我們看當連、排長的同學，必須重視他們，不使他們感到痛苦，在階級職務上，固然上下要分明白，但在精神、感情上，則不能有上下彼此的分別。對於連、排長同學要重視，尤其要使他們明白，不致因為沒有升遷而灰心，作連長與作團長是一樣，大家都是革命的軍官，要是為革命努力，為革命犧牲的話。

近來軍隊政治工作人員已漸漸減少到幾乎沒有了，我們作官長尤其是當連、排長的人，要同時負起政治訓練的責任來，要使士兵知禮義，明廉恥，發奮圖強，與我們共生死同患難。各官長如能在政治宣傳上負責任，使士兵視我們如同父母一樣，然後這軍隊始可完成其使命。

現在十九路軍從師長起到連、排長止，官長雖多自行伍出身，但他們對於政治宣傳，卻都很注意，很能

撐握住他們的士兵。你們都曾受過政治訓練，若不明白這一點，前途便很危險，所以大家必須使得士兵發奮為雄，為黨努力，為國犧牲，然後才還能負起你們的責任。排長要撐住一排人，營長要撐住一營人，若有部下脫離掌握，這個官長便是不行。

這回八十八師作戰，據旁人的報告，有許多缺點可以參考，同時也可當作教訓。因為日本帝國主義者的軍隊，全是使用飛機、炸彈、砲火打仗，我們沒有鋼盔鐵帽，沒有工作器具可以作成很好的工事。

第一是沒有注意縱深配備，大部隊都用在散兵線上，還有預備隊不疏開，以致敵人的飛機擲炸彈下來，往往死傷很大。

其次後方的交通也須注意，因為江浙方面溝渠河流很多，可否通過，事先都要嚴密偵查。這次軍隊撤退，軍隊吃虧很大，即因高級將領沒有注意到這一點。工兵營的連長，對於後方的橋樑是否堅實，若是不堅實，或者沒有的話，即須趕快修整與架設。高級司令部沒有注意，這是一個很大的缺點。

並不是說軍隊一定要我指揮，不過我指揮作戰的時候，後方可以無需顧慮，因為即使是很小的地方，我都能注意到。我作總司令不如一個師長，對於交通要緊的地方，我都要親自去查看。

江浙方面，河流很多，一條河溝常時可以阻礙一營到一團人不能行動。民國二年我當團長在上海附近作戰的時候，曾經吃過這種虧。往往一條溝渠在表面查看的時候，可以通行無阻，但是實際軍隊過去，動則使人沒

頂。老百姓平時架設的木橋或置放的木板，因為大過單薄，騎、砲兵不能通行，也得仔細查察整理。所以從這回作戰的經驗，可以得到必須注意的兩個教訓。一是交通橋樑，二是縱深配備。

敵人砲火不能命中，先用飛機偵查，在我們陣線之上放射一道白煙，然後把牠當作目標瞄準，這便沒有不能命中，沒有軍隊可以退出來的。所以前線的散兵，不宜過密，各部隊必須縱深配備，間隔距離不妨稍大，庶幾不會受到敵人飛機擲彈的損傷，這是戰術方面的注意。

這種戰爭要恢復陣地，在白天簡直沒有可能，因為砲火大厲害，不能作工事，必須等至砲火停止，敵人步兵衝鋒，或者夜間始能去恢復。

兵器使用，重機關槍的威力很難發揮，因為目標過大，敵人的砲火，必找你重機關槍的陣地攻擊。但是輕機關則有很大的威力，因為目標不顯明，而且容易運動。

有敵人使用新兵器的現在，我們只有在戰術上注意，比如隊伍配備的疏散即是一例。不過一般人講敵人砲火十分厲害，其實並不盡然，因為八十八師打了好幾次大仗，時間很長，戰事最激烈，都祇損傷三千人，全師總共也祇損失五分之二。

器械精良，並不足貴，可貴者乃在勇敢同犧牲精神，要是我們能夠這樣注意，即能打勝仗，八十八師打得那樣厲害，都祇損失五分之二，便是一個很好的例子。

後方交通工具，即使一塊門同一塊木板，都要當作
如同性命一樣，工作器具不夠，可以向老百姓相借，能
夠使用以作工事的東西，如鋤、鍬等。

電話格外要靈活，無線電在平時很好，但此時卻很
危險，因為日本人隨時都可接收譯出。故在可能內，最
好是用有線電。電報密碼，必隨時常交換，一個密碼，
最多只能用一、二日或兩、三次，必如是然後方不致洩
露機密。

今天所講的情形，不過是對於上海戰事的一點說
明，大家由此可以明白今後我們所應注意的事情。

大家都是革命的基幹，中國存亡，革命成敗，都全
在大家基本的、模範的軍人身上，國家同軍隊的名譽與
恥辱，大家必要為著你們的領袖、團體，及已死的同志
去護持與洗刷，方不會喪失我們從前先烈的光榮。

目前要挽救中國的危亡，最重要是須注意廉恥。禮
義廉恥，國之四維，必須伸張，然後可以革命為國，若
是人家責罵，全不當作一回事，這種人即無廉恥，同學
之間妄生妒忌，不講禮節即是不重禮義，國家因此便會
滅亡，而我們自己也就不免死無葬身之地。

總理教我們忠孝仁愛信義和平八個字，包括言之便
是禮義廉恥，這四個字是立國的基本。望大家在這墮落
紛亂的環境中間，必使全體官兵都知禮義廉恥的重要，
作國人的基幹，為社會的柱石，必須作到這幾點，始能
挽救國家的危亡，改造社會，完成總理遺留下來的革命
事業。

7・京滬路方面第二期抵抗作戰方案

其一　情況判斷

（一）一般趨勢

　　日軍此次以極大之損失，經月餘之時間始達成第一目的，迫我軍撤退三十啓羅米突之距離，實出彼軍事當局之意外，不得不謂為計畫錯誤。故此後彼欲進取南京，非更有多數援軍及重大之犧牲不可。惟揚諸日軍慣例，其軍政當局此時必提出許多無理條款，憑藉其在滬之武力以壓迫我軍方與之協商和議，自非我方所能容納，是以將來趨勢或仍不免於訴之武力。

（二）敵軍戰略之推測

　　在此停戰其間，日軍必一面堅固其防禦工事，一面對於將來之攻擊竭力準備，如修築道路、運輸軍火、偵察地形等。而其軍事目的不外佔領南京控制長江流域，故其戰略當不能以六十啓羅米突之正面全恃惟一之鐵道線經過，沿錯雜之地區向蘇州攻擊或以全力向常熟進攻，必雙方同時并進，一面行正面攻擊，一面仍用前次方法，藉兵艦之力於江陰或其以西上陸襲擊我陣地之側背，迫我撤退。惟如此則其全部陣線將延伸至一百啓羅米突之長，勢非再有多量援兵不可。且崑山至上海間之吳淞江（蘇州河）一帶，其防線最為單薄。換言之，即日軍採用此項戰略時，其弱點及危險方面在左側吳淞江一帶防線也。

（三）我軍應採之戰略

我軍現在自長江經常熟、崑山至吳淞江之陣地，頗為良好，便於守禦，惟對福山至鹿苑鎮之沿江守備必須注意，尤以江陰附近最為危險，必須配置重兵，並有阻絕航路之準備，以防敵軍侵入。

敵軍之弱點既在其左翼之吳淞江一帶，故我軍宜利用此點，以打破敵人進窺南京之企圖，將所有兵力配置於敵之弱點方面以取攻勢。先將三師之增援部隊集中於乍浦、嘉興、杭州之間，而以稅警旅外置於松江、青浦一帶及黃浦江兩岸，敵軍對此自不能即行進攻，而非更有相當之準備不可。將來彼或增兵於松江一帶，以至黃浦江岸或杭州灣口，或於黃渡鎮之兩面作堅固防禦，均足以牽制其進攻南京之兵力。

在第二期之作戰敵軍必以南京為目標，我軍應以第十九路軍及第五軍利用現有之良好陣地，先取守勢，一面將所有之兵力由浙江方面向敵軍弱點猛力攻擊，已如上述。萬一敵軍改變目標，以主力攻擊浙江，則我軍當以第十九路及第五軍轉移攻勢，攻其側背，如此則南京首都當無危險，而戰局亦可長久支持。

其二　作戰方針

國軍以保衛國土長期抵抗之目的，以必要兵力於蘇州、常熟一帶佔領陣地，於太倉、安亭一帶佔領前進陣地，以阻止敵軍之前進，先控置有力部隊於乍浦、嘉興、杭州一帶，俟相當機會即由滬杭路及常熟方面出擊，截斷其後方鐵路線，努力包圍入寇之敵於嘉定、崑

山一帶地區而殲滅之。倘敵向浙江方面進攻時，應以該處控置之部隊於乍浦、平湖、楓涇之線佔領陣地，以前進部隊配置石湖蕩附近及金山衛一帶拒止之，再由京滬路方面出擊以攻其側背。

其三　兵力部署

甲、蘇常方面

一、第一線部隊　約六個師

常熟附近崑山城湖以南至蘇州附近

第十九路軍　三師

常熟附近　約二師

第五軍全部附獨立山砲兵第一營

福山鹿苑附近一師

第四十七師

獨立野砲兵第三團

二、總預備隊　配置江陰、無錫及鎮江附近

第一師

獨立第三十三旅

獨立砲兵第一旅之野砲團

乙、滬杭路方面　約三師

第十四軍之第十、第八十三師：控置於杭州嘉興之間。

第九師：控置於嘉興附近，在石湖蕩、楓涇一帶選擇陣地。

獨立第三十六旅：配置乍浦、平湖海沿一帶。

獨立野砲兵第四團、獨立砲兵第一團（欠第一

營）：控置嘉興附近。

稅警旅：松江、青浦之線佔領陣地，一部七寶鎮、
莘庄附近。

丙、後方守備部隊

憲兵及各師補充隊：南京。

第七師之一部：浦口。

丁、重砲兵——江陰

戊、江岸監視隊

江陰、常熟一帶配置江蘇保安隊一團，並附以水上
公安局船隻，於各上陸點構築工事以節省總預備隊
兵力，俾能團結使用。

在江北岸之靖江附近配置步兵一團，野砲或重迫擊
砲四門，又瓜洲、虹橋鎮附近配置步兵約一團，野
砲若干，擬均由第三十二師派出。

己、飛機場

漂陽、湖州各增設飛機場一處。

其四　陣地配備

甲、京滬路方面

一、蘇州至常熟一帶本陣地應就已設之預備工事加工堅
固構成，其經始務須適應地形分散重疊成為離隔之
數線工事，並增築掩蔽部橫牆，以防砲火之破壞及
側射。

二、對於重要方面應在陣地後方二、三百或五、六百米
突處，築設一線或二線之預備工事，以備本陣地破
壞後繼續扼守。

三、陣地前方之不能通視處，應設監視哨工事，以交通
　　壕連絡之，並作射擊設備。

四、交通壕之兩側均須作射擊設備，以便聯絡本陣地與
　　預備工事成一新陣地，並側射突入陣地內之敵人。

五、陣地間之側沿應配置巡哨船隻（江蘇水上公安隊）
　　以阻絕船隻之往來，防止敵人之偷渡。

六、在無錫、江陰一帶，太湖至長江間，構築第一預
　　備陣地，常州附近隔湖與長江間，構築第二預備
　　陣地。

七、江陰附近，除配置重砲兵外，並須於江陰及其以東
　　之長江長窄處或航行困難處，作沉沒船隻及其他杜
　　絕航路之準備，以阻止敵艦之通行，由海軍部籌備
　　實施之。

乙、滬杭路方面

一、乍浦、平湖、楓涇之線，為第一預備陣地，海鹽、
　　嘉興至王江涇一帶，為第二預備陣地，石湖蕩、金
　　山衛一帶，為前進陣地。

二、對於以上之陣地須預行偵察準備，俟必要時，即一
　　面於石湖蕩附近佔領掩護陣地，一面構築，其應注
　　意各點與甲項同。

三、乍浦及海鹽附近，須先由現駐該地之第三十六獨立
　　旅構築必要工事，以防敵軍之上陸。

其五　補給通信

　　運輸補給通信事項另定之。

8・第四十七師作戰部隊位置表

國民革命軍陸軍第四七師作戰部隊位置表

隊號		主官姓名	陣地位置	本部位置	備考
師司令部		師長上官雲相 副師長裴昌會		大義橋	
特務營		營長李逢春		大義橋	構築大義橋至尚湖西北角之複廓工事
第一旅	旅司令部	旅長杜淑	鹿苑鎮至福山之線（福山鎮屬之）	田莊鎮	
	第一團	團長李銘斗	一營佔領鹿苑鎮至蔡家塘之線，對沿江警戒	西塘橋鎮	趕築鹿苑鎮附近之據點工事
	第二團	團長張信成	一營佔領福山鎮至蔡家塘之線對沿江警戒（蔡家塘屬之）	蕭家橋	趕築福山鎮據點或工事並加固福山至蕭家橋工事
第二旅	旅司令部	旅長李篤忱	福山鎮至梅李鎮之線	謝家橋鎮	
	第三團	團長張育棠	一營佔領梅李鎮至福山鎮之線對沿江警戒	河村鎮	構築梅李橋附近據點或工事
	第四團	團長劉秉誠		大義橋	構築小王橋至大義鎮之複廓工事並加固蕭家橋至小王橋之工事
砲兵營		營長張顯勳		蚌埠	山砲一、二、三連附屬各作戰部隊，野砲重迫擊砲各連均留守蚌埠
工兵營		營長趙升堂		蚌埠	第三連（通信電雷）隨師部駐大義橋，一、二、四連留守蚌埠
騎兵連		連長常金鑄		湖北隨縣	歸何主任指揮
附記		一、職師陣地右翼自梅李鎮接續八十六師左翼至鹿苑鎮之線。 二、鹿苑鎮福山鎮梅李鎮之線工事由工監部協築完成。			

中華民國二十一年三月廿一日　師長上官雲相

（三）停戰會談與協議

1·三月十九日停戰會議情形

南京外交部羅部長鈞任兄並轉汪院長鈞鑒：

密。今晨十時在英領署開會，到英、美、法公使、義代辦與重光五人，少川堅不肯赴會，弟祇得出席，以寒日草案為根據，討論停戰會議議程。

第一條 Settlement 經弟修改為 arrangement 似較鬆動，華軍所有現在防線由軍事當局說明，如有必要可由中立國武官證明。

第二條仍舊，弟謂首段係原則，第二段但書係一種暫時通融辦法，惟為安定人心及恢復市面種種理由起見，日方自須迅速履行首段原則，且關於駐兵於毗連租界地點一節，其地點自以愈小愈好，時間愈短愈好，關於以上兩點，並應由中立國武官協助進行。

重光不贊成。

弟謂四日國聯決議案實含有此種意義，各使均以為然。

重光遂謂原則上可贊成，惟如何措詞尚待斟酌。

弟又謂民十六、七年間英國在滬駐軍有二萬人，均在租界內駐紮，豈日軍留滬將超過此數，尚須在租界毗連地點駐紮耶？

重光謂日方因經費問題，決不願留大軍駐滬，甚希

望能早日完全撤回，惟因軍實運輸之便利，恐須利用吳淞車站碼頭。

弟答此點尚須再加討論。

第三條仍依舊，重光修改案未提出，但對於撤兵區域之治安，重光希望由中立國軍隊暫時維持。

弟謂我政府已自動準備妥善辦法，擬抽調北平之保安隊到撤兵區域內服務。

重光問有若干人？

弟答一至兩千可辦到。

又問有無外國官長在內。

弟答此節我政府當自行酌奪，如認為必要亦自願僱用瑞士或那威等國人數名輔助。

各使均甚滿意，重光亦甚贊成，但仍欲於上海近郊由中立國軍隊暫時維持。

藍使問是否以旬日或半月為期，頗有允意，美使則謂美僑甚覺安全，此舉殊無必要，弟力然其說，遂未向下討論。

重光謂午後或共提及關於議程之附註，重光欲取消，弟堅不允，旋由英使調解，謂午後再談，現約定於四時繼續，將展開討論，結果用書面整理予以通過。

此外尚有一事頗足怪異者，即重光在會場告大眾謂議程通過後正式開會時，將由日總領事村井及參謀長田代代表日方出席，彼本人僅在旁贊助云云。

旋英、法各使均謂中立國均由公使代表，華方係外交次長，若日方僅由總領事出席，則各方代表恐亦須改派，仍望重光自己出席以利進行云。

重光允電東京請示，言下似有難言之隱。

弟並告重光我方軍事代表本擬定蔣光鼐、黃強，若日方僅派參謀長，則我方自須改派。餘續陳。

弟泰祺

皓未滬一

2・三月二十八日停戰會議情形

今日上午十時在英總領事署繼續舉行停戰會議，出席人員與前日同。連日會議結果，對於原協定草案不無增損之處。英方因於上星期休沐之暇，將各方提出之增加條文或刪改字句綜合一氣，擬一新草案（附後）以便討論。今日之討論即以此為根據也。

討論第一條時植田首先發言，謂新草案第一條內停止敵對行為，文中應加入停止便衣隊活動字樣，蓋便衣隊在日本軍中乃戰鬥行為之一種，其活動係多方面的，盼中國說明其性質，明文列入，幸勿一味否認，且事實上中國亦有便衣隊之組織，前次交還之俘虜三十六人中，有便衣隊十人在內，其即明證也。

弟當答稱本日應按新草案討論，不必另生枝節，便衣隊一層在第一次會議中曾經五小時之討論，我方軍事代表曾再三聲明我軍實無所設便衣隊，今茲舊事重提，誠無意義，若日方必主列入，則我方亦可提出浪人以資對抗，如此徒增煩累，良非本會之福。至於交還三十六人之事，本人殊不明瞭，應請我方軍事代表解釋。

旋戴司令答稱交還三十六人非軍隊方面接收，係公安局經辦日方交還，三十六人中有四人實係平民，日方所傳容係便衣警察之誤。

植田繼言華方命令中曾有派便衣兵之事，言時舉我方沈光漢師長油印命令一紙為證。

弟當閱該命令，其內容係指派遣便衣偵察而言，諒各國軍隊中必無偵探須著制服者。

植田仍持其意。

弟復反覆陳說，主張依照新草案進行討論，若新之又新則不啻開倒車，將永無進步。

至此英使攔言主張改 all hostile acts 為 all and every forms of hostile acts。

弟稱原文已包括靡遺，毋庸更動，日方既要保留再議，我方亦須再考慮。

旋討論第二條，弟當聲明新草案所載我方保留文字，乃英藍使所擬，我方原文與之微有出入，現本席仍主張用我方自擬者。

植田謂我方保留實據空泛，大可不必。並詢恢復平常狀態作何解釋。

弟當以商場恢復人心安定等等抽象意思答之。

彼復詞狀態恢復與否，由何人決定？

弟答以此係事實問題，雙方當可稱意，如有爭執何妨由參加友邦代決。

重光插稱 Regading later arrangement 已極明瞭，何須來此保留？

弟告以確定時間起見，自以加入「常態恢復」為宜，在座個人間均無隔閡，似無須此，但恐民眾誤會，以為我國調動軍隊之主權受有限制，故不得不多此一著也。

重光仍主張不加。

英使乃提出折衷辦法。於 arrangement 後加上 upon the re-establishment of normal conditions in the areas dealt with by the agreement 而保留作為罷論。

　　弟對於接受與否抑用原文聲明，保留重光謂口頭上解釋可以接受，見之文字則不可。

　　植田謂日方亦有對內之困難。

　　至此乃議及第三條，植田提出日方所擬第三條之第二號附件如下：the withdrawal of the Japanese troops to the localities indicated in annex III will be commenced within one week of the coming into force of the agreement and will be completed in four weeks from the commencement of the withdrawal. The joint commission... 並謂附件二號為第三條要點，已將由前線撤完六星期之期限減為四星期，以示誠意。

　　弟答貴方縮短期限之意甚為感謝，但目前最重要之點，乃在撤退至公共租界及虹口越界築路恢復一月廿八日以前原狀。貴方所擬附件，對於此極關重要之最後撤退日期，竟付缺如，未免相差太多，倘不將此要點列入，恐無續議之可能。

　　重光指弟又提出根本要點。

　　弟答以非我提出，乃國聯會議決議案及協定草案所已規定者。

　　關於「暫時」字樣，重光謂時間甚短不必規定，視地方情形情形如何即可早日撤退，現不能預斷。

　　弟謂此係最要之點，何時日方可以完全撤至公共租界及虹口越界築路地帶以內，不只吾人極所欲知，即國聯亦至所注意。若謂撤兵須視地方情形如何為轉移，則吾人可斷定日軍早撤一日，則地方情形早一日復元。若日軍留駐上海及其附近，則地方情形即不能復元，因情

形不復元，即不撤兵，則日方將永無撤兵之日。

英藍使擬加一句如下：The further withdrawal of Japanese troops to the areas mentioned in the first sentence of article Ⅲ will be completed as soon as local conditions permit of such reductions in the numbers of said troops as will enable that to be accommodated in the said areas。

弟謂華軍既無進攻日軍之意，日方仍須在滬留駐偌大軍隊，顯似佔據，使人驚異，且違及前議精神。

島田參言駐兵花錢甚鉅，極願早日撤退。

弟謂既然如此何不定期？余迭次與重光談話時，渠均稱因事實上之困難，故不能不有暫駐之議，並無他意。今以暫駐而變為視情形再撤退，如此解釋暫時字樣，是另加新意且已非事實上困難之問題矣。

雙方反覆辯論仍無結果，時已一鐘，遂暫休會。

下午三時續開，弟首先報告蔣總指揮來函，稱自停戰後日軍仍向陸渡橋、安亭、黃渡進逼，我軍前岡早已由安亭撤至盧家濱，乃日軍仍大隊進擊，請提出會議注意等語。

植田否認進逼，並謂貴方不進來我方不進去云云。

開會後仍續議附件第二號，弟除重申前說外，並謂照日方所提附件對於第三條所說之撤兵程序只做到一小部分，前允日軍暫駐公共租界及虹口越界築路毘連地點，係因日軍人數眾多，為事實上之困難起見，故有此舉。然所謂暫時必須確定期限，然後可安人心。如以本地情狀為全撤之標準，是帶有政治性質，恐要發生誤會。況日軍早撤則原狀早復，如一日不撤則一日不能恢

復原狀，故必須按照第三條之文辦理，不得稍為變更，此點無商量之餘地。

而日方仍堅持不讓，不得已暫議第四條。

重光謂本條共同委員會證實雙方撤退，而第一條則遇有疑問由參加友邦代表查明。附件第一、第三號均是如此，比較之下，顯有不同，應將第一條及附件第一、第三兩號末段刪去。

但弟則堅持仍舊，以雙方如有疑惑當然訴諸第三者，甚為公道也。第四條乃通過，第五條亦無問題通過，遂循序討論。

附件第一號重光謂華軍防地業經說明，說明時已有參加友邦之代表在內，尚有何疑問，故主張刪去末段。

弟主張仍留，不只決定現時情形，並可查明將來疑問。

植田所言與重光同，並謂何不用共同委員會名義較妥。

英藍使為調停計，乃提議於末段 Acertain 後加 upon the request of the joint commission 又於句尾加 members of the joint commission。

但植田謂仍須保留考慮附件第二號，因內容雙方意見距離甚遠，無法解決，故暫約不討論。

附件第三號，重光主張刪去末段，理由同第一號末段。

弟仍堅持存留首次兩段。

除內容實質外，文字上通過附件第四號，關於用飛機偵察一節，植田謂須修改，為於必要地點須以飛機偵

察者，由中日委員會商後行之。

弟謂此項意見與前次日方所提無甚差別，已討論多時，故有新草案內之條文，況允許對方用飛機偵察有妨我國之領空權。

植田謂應先由雙方自行用飛機偵察，俟有疑問再由參加友邦代表查明。

弟謂中國如確有不履行停戰情形，甚願參加友邦之代表查明報告，余相信渠等絕不偏袒中國，余以為新草案之方式甚好。

植田乃謂參加友邦代表用飛機偵察時，應加入中日雙方代表，則視察較為親切。

弟謂如有懷疑可由第三者察以昭公允，當事方可勿容參加。

弟又謂設遇有使用飛機偵察之必要時，每次均須先得中國政府之許可方為合法，共同委員會中有中國代表二人，即可代表中國政府給予許可，在手續上並不困難，而在形式上則必須具備，因我國主權關係不可不如此也。因擬於本附件之末添加一兩句如下：It will be necessary for the Chinese members in behalf of the Chinese government □ their □ which will not be unreasonably withhold.

日方稱保留再議。

至此英國武官到會代表軍事小組委員會報告會議情形，略稱小組委員會在討論之中，各武官設法將區域縮小並設法採索日方所必需之區域究為何地，現已歸縮至閘北、江灣兩區及吳淞楊樹浦東北一帶，吾人曾詢問田

代日方在閘北、江灣所需究為何地，據田代答稱須與首
席代表商議矣，星期三再談，因此遂休會。

本會議據報後乃詢田代何時再開小組會議，田代謂
星期三上午，眾無異議，本會議遂亦於六時休會，約定
明晨十時繼續開會。

3・四月七日停戰會議情形

今日上午十時停戰會議續在英、德領事館開會，出席人員與前同。

植田首先發言謂上次會議在協定第一條加上海周圍字樣，敝方不反對，但敝方在原則上認蘇州河以南，及浦東華方駐軍，確在協定第一條及附件上第一號範圍之內，貴方不以為如是，敝方不能承認。倘使貴方有困難，不便在協定或附件內說明，大可以其他方式表示之。

弟謂關於第一條原文意義詳而且盡，本不須添加字樣，但因日方堅欲我方說明蘇州河以南及浦東駐軍地位，法代表拉加始擬加添上海周圍字樣，以便納入日方主張及免除其顧慮。我方以日方要求說明蘇州河以南，及浦東華軍駐地為發生新問題，牽涉原則問題，蓋中國在其領土內駐軍不容他國過問，昨已反覆說明不能承認討論，再則突然參入不在協定範圍以內之新問題，使民眾方面對日軍撤退誠意必抱懷疑而起誤會，但為融和起見，曾表示如日方不提蘇州河以南及浦東駐軍問題，則中國方面對法代表所擬添加之字樣可以接受，敝方今日之立場仍是如此。現時我們應實事求是，唯一應迅速討論者厥為第三條，該條明白說明日軍應撤退至一月廿八日以前原防，惟因事實上之困難，故許暫駐所謂毘連地點，而在會議討論中，日方語氣顯露欲久居毘連地點之意，雙方爭執，此係焦點。日軍在毘連地點既是暫住，在事實上不必憂慮其後面側面，上次已說明。蓋雖在戰

事激烈期間，我方從未曾利用蘇州河以南及浦東駐軍以攻日方，況有法租界及浦江以為天然之間隔耶。茲再申明在原則上不能承認日方要求，我方說明蘇河以南及浦東駐軍防地，在事實上亦無討論之必要。

植田問蘇州河以南及浦東問題，雙方業經反覆討論，茲問貴方此兩處究竟是否在第一條範圍以內？

弟謂當然不在範圍以內，停戰會議範圍以曾經與作戰有關係之軍隊及區域為限，中國軍隊在其領土內隨處皆有，豈能均要求說明？

植田謂貴方以蘇州河以南及浦東不在第一條範圍內，日方不能承認，如提及杭州等地，可謂太遠，此兩處在上海附近，必須列入範圍，第一條加入上海週圍字樣，足見大家都有此意，如有困難說明方式，不妨稍微變通。雙方爭執無法進展。

英藍使乃謂現有兩個方法可打開僵局：（一）此點留待再議，（二）詳細分晰蘇州河南中國駐軍防線，曾憶中國方面說過浦東無軍隊。

弟謂因此點發生原則上問題，不能再繼續討論，且在事實問題上亦無討論之必要，協定第一條第三句已足敷用，如對停戰有疑問發生時，可依據該句規定由參加友邦代表查明之。

植田仍堅持要我方說明，俾得達完全停戰目的。

弟謂關於此點，我方理由已經再三申述，不必再多說了，如要早日達到完全停戰目的，最好日軍早日完全撤退回國，國聯會議決議案暨本會議協定草案，均對停戰撤兵相提並論，停戰業經實行，現下最重要問題，即

是完全撤退恢復一月廿八日以前原狀，惟因事實上之困難，故許日軍暫駐毘連地點。此不過附帶的，而主要之點則在全撤。既係暫駐，何須顧慮側方、後方？

植田謂貴方以日軍全撤問題與此點相提並論，徒增複雜，況暫駐毘連地乃協定所許。

弟謂並不複雜，國聯會議決議案及協定草案對停戰撤兵均係相提並論，第三條允予暫住，但應總觀全條文意，其重要之點在回復一月廿八日以前原狀，暫住原因只是人數眾多，事實上困難問題而已，並無其他問題如地方情形、日僑安全等等，以此為範圍討論，更為簡單。

植田謂貴方對於敝方意思略有誤會，敝方係要達到完全停戰目的，我軍一面撤退，貴方一面駐定，雙方可不至再有接觸而達到完全停戰目的。如中國駐軍地位不說明，則日軍駐地亦不能定。

戴司令謂蘇州河以南向有軍隊，現仍有軍隊駐紮，但未曾與日方發生接觸，至浦東方面前本有駐軍，因避免與日軍衝突已被調走，如照日方要求說明納入協定範圍以內，是以後我軍不能進駐該處矣。

植田問浦東現有若干軍隊？

戴司令答稱不多，但在原則上言，蘇州河以南及浦東方面既未曾交戰，均不應提。

植田又問是否凡未曾接觸過的軍隊都不在內？

弟謂當然不在內，否則全國軍隊其駐地均須說明矣。

植田謂只說戰區附近軍隊在蘇州河以南及浦東者。

弟謂該二處我方軍隊駐紮地點在事實上貴方實已明

瞭，在原則上不應議及。

植田謂如說明防地僅限於蘇州河以北而河之南及浦東均不在內，則實成大問題。

弟謂日方純從軍事立場上觀察，據我方從原則上觀察，實不能承認討論，理由業經反覆說明，亦無法再說。我方從原則上觀察實係一大問題，第一條第三句已有機關將來如有疑問，可擬運用。

植田謂此問題很重大應再說明，蘇州河以南及浦東均在本協定範圍以內。

弟謂我方曾經再三聲明，凡未曾參加戰事之軍隊及地點不在協定範圍以內，在原則上說不能有問題，在事實上說不至有問題。

植田又謂從原則上言在蘇州河以南及浦東軍隊均包括在協定以內，應受其拘束。

弟謂余已再三說明以曾經交戰過之軍隊為限，蘇州河以南及浦東華軍情形，日方已知之，不必再說明，況南京政府訓令亦從未提及此兩處，實無法再討論。

至此，英藍使乃謂第一條上海週圍字樣適用於一切軍隊，當無違反停戰之可能，蓋此條有一班的拘束力，此係一問題，至蘇州河以南及浦東，中國駐軍是否應加說明，又係另一問題，且係一新問題，以本人觀之，日軍撤退以後，有蘇州河及法租界隔開，日軍側面不足慮。

重光謂植田心中以在法租界至蘇州河之間有一段開口地方，如不說明，中國軍隊可以由彼間開入，使日軍側面堪虞。

英藍使謂既是如此,僅限於說明該段即可滿植田將軍之意矣。

重光謂日方要有保護耳,至方式可隨便。

弟謂第一條已足敷用,不得已將請示政府給予保證可也。

英使主張交軍事小組一併研究一妥善解決方法。

植田謂實際問題可交小組研究,原則問題則仍保留在大會討論。

弟謂如小組在原則上無妨礙之範圍內,能覓得一事實上可使貴方滿意之方法,固屬甚善,但貴方所謂原則不知何指。至我方所謂原則,乃指中國軍隊在未發生戰事地點內,有自由調動之權之原則也。

植田謂貴國軍隊在領土內自可隨便調動不生問題,但在停戰區域內只限於蘇州河以北實為未足,所謂原則即指蘇州河以南及浦東軍隊亦是否在協定範圍以內之原則耳。

弟謂此問題交小組想方法,暫不討論。

植田亦同意。

英藍使乃提議雙方各以關於此點之會議紀錄訓致其小組之代表。

眾無異議。

弟謂關於第二條尚有一言,日前通過此條時,中國方面有宣言一段業經會議接受,茲再表明眾亦無異議。

英藍使擬討論附件第二號,但植田以為至此正可告一段落,遂約定飯後再議,散會十二時一刻。

下午三時繼續開會,植田首詢對日方上次所擬之聲

明書，我方請示政府有何意見。

　　弟答稱上次會議討論第三條及附件第二號時日方所提聲明書，本人當即表明形式上、內容上均不滿意，蓋就形式言不在協定之內，就內容言仍未明定期限，均不足以饜我方之望也，其時因徇英公使之請向南京請示，現覆訓已到，所言與本人當日表示相同，且進而對於地方情形及日僑安全兩點有所解釋，其意謂兩點涉及政治性質，且在原則上係一新問題，不在原定範圍以內，至於第三條第二句我方之所以應允日軍暫駐毘連地點一節，僅因日軍人數眾多租界一時不敷容納，並未涉及地方情形及日僑安全問題，日方宣言措詞顯然與之不合。至日僑安全問題，日內瓦開會時曾論及，但係日方片面之詞，然我國對此點早已準備妥善辦法，即自動調北平保安隊來滬維持撤兵區域治安，在預備會議時即已聲明，足見我之盡力，日方當可無慮，且我國對於租界安全從無侵犯之意，且極力尊重其中立與安全，此在戰時充分證明，各國自可置信，今後更以保安隊，尤足見我方辦理週密，日方應無疑問。我方認為關鍵所在，厥為明定日軍最後撤退期限一點。蓋非如此不獨該條文等於殘缺，即本會目的亦未實現，現日軍暫駐，既純為事實上之困難，則將來撤退開始人數當然日少，自可按程計算預定期限，至於超越範圍之新問題應不置論，且預備會議時亦已相約不復提出新的原則問題也。

　　植田接稱貴方對敝方聲明書既不能同意，至敝方立場業經累次解明，毋庸贅述，一言以蔽之，最後一步之撤退不能限期，須視情形而定，貴方謂對於保僑業已盡

力，實則事變前後，日僑均有遭受損害情事，敝軍此次來華原為保僑，自當以常態恢復僑民安全，撤退條件因此不能預定期限，但願早日撤退。

弟當答稱貴方所提僑民被害乃一新問題，亦一政治問題，談到損害則我國人民所受損害奚啻倍蓰，雙方既議定三條原則為限，今若加入新問題，不獨違反前議，抑且有背國聯決議之精神，此點前已再三解釋。

植田答稱貴方保僑之意，聞之欣悅，但仍以僑民安全為慮。

重光插言謂貴方標語仍有攻擊我方者，我方並未提出何種新問題，日軍暫駐係見之協定。

至此弟宣讀三條全文並聲明日駐兵毘連地點乃容納其剩餘軍隊，所以解決其一時事實上之困難，今日方顯然將第三條首句置之不顧，而側重第二句，但屬實與全條精神不合。

英使相詢日方東京訓令。

重光答稱東京因其地位之困難，迭次訓令不允明定時間。

弟笑謂我方處境艱難較日更甚。

英使乃轉詢弟對日方聲明及其修正有何意見。

弟答以此係一新問題，超出原定三條原則之外。

英使便謂誠然，但為雙方謀接近，不得不如此耳。

弟謂日方宣言不獨政治上生新問題，抑開一奇例，蓋不啻為保護租界內之日僑，而須駐軍於我領土之內也。

至此英使乃聲言，惟有下述三項辦法 （一）

alternative Ⅰ 接受日方聲明書，但附入時間限制。（二）
alternative Ⅱ 對日方宣言表示閱悉，並附以華方之宣言或
保留。（三）無協定（即停戰會議無結果）。

　弟謂第一項辦法南京因其涉及新問題，如地方情形
及日僑安全等等有背第三條原文，雖附入時間限制，但
因牽涉新問題亦等於無限制，不能同意。第二項辦法更
不如前者，是本會議將限於無結果地位，但本會議係根
據國聯決議案而召集，四友邦代表係根據國聯決議案而
參加，今遇此僵局，應由中日雙方並請參加友邦代表將
所有經過情形報告國聯，日內瓦相距既遠，環境復不如
上海之激昂，或可得一公平解決。我方此次出席會議實
具誠意，以前種種之遷就可資佐證，但時限一點如不規
定，則有背協定草案及國聯決議案，且我民眾亦必認我
政府完全失敗，故此點日方既堅持不允，實無法進行討
論，惟有另覓途徑打開僵局。此時不過停頓並非決裂。
我國祇有途徑可尋，殊不欲本會議決裂也。

　英使謂弟之提議可為第四途徑。

　法、意謂報告國聯是表明我等之無能為，我等惟有
靜待我等政府復命或將散夥，如此殊為遺憾。我等應
避免此種不幸之局勢，倒不如對此兩點再擬折衷另想
辦法。

　美使詹森及法、意代表均同此見。

　植田亦稱報告國聯固有道遠心清的好處，但究不免
隔膜的地方，且對於善意協助的友邦代表亦不甚妥，故
不能同意，本人對友邦代表之盡力應致謝意，對於會議
前途仍盼得有結果。

弟稱本人對於四友邦代表之友誼的斡旋與其不斷之努力，深致謝意與敬意，本人之所以提議報告國聯，並非抹煞之意，實以討論致此山窮水盡，不得不另闢途徑，如有其他方法，無不樂於討論。至植田將軍聲明願有結果，本人實具同情。我方固以誠摯的態度、謙讓的胸懷以從事會議者也。

英使乃出其 alternative (1) and (2):

Alternative (1) The Japanese government take this opportunity to declare that, as soon as local conditions in and around Shanghai so improve as to afford a sense of security to Japanese nationals as regards the invitation of this lives, property and lawful pursuits - and they hope that conditions will have so improved within six months or sooner - the Japanese troops will be further withdrawn to the International Settlement and the extra settlement roads in the Hongkew district as before the incident of January 28th, 1932.

Alternative (2) The Chinese government, in taking note of the Declaration of the Japanese government that: "quote Japanese Declaration" hereby place on record this understanding that the terms of the present Agreement for rendering definite the cessation of hostilities and regulating the withdrawal of the Japanese forces in accordance with the Resolution of the Assembly of the League of Nations of March 4th will not be finally implemented until the Japanese troops have been withdrawn to the International Settlement and the extra-settlement roads in the Hongkew district as

before the incident of January 28th, 1932, in accordance
with the provisions of Article Ⅲ of this Agreement.

　　重光謂弟對上次所請訓之日方聲明如加最後一句補
充，曾表示可以接受。

　　弟當即否定，並辯稱上次對其形式及內容均已聲明
不滿，且認其係一新問題，不過允提向政府請示而已，
彼遂無言，弟並說明我方求一簡明之聲明，如辭意含糊
尚待解釋者，不能接受，蓋無以對民眾也，因即為日方
擬定聲明如下：

The Japanese government take this opportunity to
declare that in view of the rapid re-establishment of normal
conditions in and around Shanghai, as Japanese troops will
be further withdrawn to the International Settlement and
the extra-settlement roads in the Hongkew district as before
the incident of January 28th, 1932, which withdrawal they
expect to complete within three months.

　　重光仍主用其原有聲明，並謂與國聯決議並無衝突。

　　弟謂與第三條原文意義不合，日方除因人數太多之
事實上困難外，應即撤回一月廿八日以前原狀，不得藉
辭保僑等項也。

　　英使詢弟對其所擬折衷方法之意見。

　　弟謂無論（一）、（二）均與我政府今早寄來訓令
不合。

　　英使乃另加修正，納入我方之意作為 Alternative Ⅱ A:

The Chinese authorities, in concluding this Agreement
for rendering definite the cessation of the hostilities

and regulating the withdrawal of the Japanese forces in accordance with the Resolution of the Assembly of the League of Nations of March 4th, hereby place on record this understanding that the spirit of the said Resolution and the terms of the present Agreement will not be finally implemented until the Japanese troops have been

〔缺頁〕

淞滬停戰會議

會議結果

截至今日止，按照所附新草案次序結果如下：

第一條　保留

第二條　保留

第三條　第一句保留

第四條　通過

第五條　通過

附件第一號第二段保留

附件第二號保留

附件第三號第二段保留

附件第四號在討論中

4・停戰協定

淞滬停戰協定

一九三二年五月五日　上海

上海停戰協定

昭和七年五月五日　上海

Agreement Concluded between the Chinese and Japanese

Representatives with the Assistance of Representatives of

Friendly Powers

Shanghai, May 5, 1932

第一條　中國及日本當局既經下令停戰，茲雙方協定，自中華民國二十一年五月五日起，確定停戰。雙方軍隊盡其力之所及，在上海周圍停止一切及各種敵對行為。關於停戰情形，遇有疑問發生時，由與會友邦代表查明之。

第1条　日本國及中國の當局は既に戰鬪中止を命令したるに依り昭和七年五月五日より停戰が確定せらるること合意せらる。雙方の軍は其の統制の及ぶ限り一切の且有あらゆる形式の敵對行為を上海の周圍に於て停止すべし。停戰に關し疑を生ずるときは、右に關する事態は參加友好國の代表者に依り確めらるべし。

ARTICLE 1　The Japanese and Chinese authorities having; already ordered the cease fire, it is agreed that the cessation of hostilities is rendered definite as from the May 5th, 1932; the forces of the two sides will so far as lies in their control cease around Shanghai all and every form of hostile act. In the event of doubts arising in regard to the cessation of hostilities, the situation in this respect will be ascertained by the representatives of the participating friendly Powers.

第二條　中國軍隊在本協定所涉及區域內之常態恢復，未經決定辦法以前，留駐其現在地位。此項地位，在本協定附件第一號內列明之。

第2条　中國軍隊は本協定に依り取扱はるる地域に於ける正常狀態の回復後に於て追て取極ある迄其の現駐地點に止まるべし。前記地點は本協定第一附屬書に揭記せらる。

ARTICLE 2　The Chinese troops will remain in their present positions pending later arrangements upon the re-establishment of normal conditions in the areas dealt with by this Agreement. The aforesaid positions are indicated in Annex 1 to this Agreement.

第三條　日本軍隊撤退至公共租界暨虹口方面之越界築路，一如中華民國二十一年一月二十八日事變之前。但鑑於須待容納之日本軍隊人數，有若干部隊可暫駐紮於上述區域之毗連地方。此項地方，在本協定附件第二號內列明之。

第3条　日本國軍隊は昭和七年一月二十八日の事件前に於けるが如く、共同租界及虹口方面に於ける租界外擴張道路に撤收すべし。尤も收容せらるべき日本國軍

隊の數に鑑み、若干は前記地域に隣接せる地方に當分
の間駐屯せしめらるべきものとす。前記地方は本協定
第二附屬書に揭記せらる。

ARTICLE 3　The Japanese troops will withdraw to the
International Settlement and the extra-settlement roads in
the Hongkew district as before the incident of the January
28th, 1932. It is, however, understood, in view of the
numbers of Japanese troops to be accommodated, some
will have to be temporarily stationed in localities adjacent
to the above mentioned areas. The aforesaid localities are
indicated in Annex 2 to this Agreement.

第四條　為證明雙方撤退起見，設立共同委員會，列入
與會友邦代表為委員。該委員會協助布置撤退之日本軍
隊與接管之中國警察間移交事宜，以便日本軍隊撤退
時，中國警察立即接管。該委員會之組織，及其辦事程
序，在本協定附件第三號內列明之。

第４条　相互の撤收を認證する為參加友好國を代表す
る委員を含む共同委員會を設置すべし。右委員會は又
撤收日本國軍より交代中國警察への引繼の取運に協力
すべく、右中國警察は日本國軍の撤收するとき直に引
繼を受くべし。右委員會の構成及手續は本協定第三附
屬書の定むる通なるべし。

ARTICLE 4　A joint commission, including members
representing the participating friendly Powers, will be
established to certify the mutual withdrawal. This commission

will also collaborate in arranging for the transfer from evacuating Japanese forces to the incoming Chinese police, who will take over as soon as the Japanese forces withdraw. The constitution and procedure of this commission will be as defined in Annex 3 to this Agreement.

第五條　本協定自簽字之日起，發生效力。
本協定用中、日、英三國文字繕成，如意義上發生疑義時，或中、日、英三文間發生有不同意義時，應以英文本為準。
第5条　本協定は其の署名の日より實施せらるべし。
本協定は日本語、中國語及英吉利語を以て作成せらる。意義に關する疑又は日本語、中國語及英吉利語の本文の間に意義の相違あるときは英吉利語の本文に據るべし。
ARTICLE 5　The present Agreement shall come into force on the day of signature thereof.
The present Agreement is made in the Chinese and Japanese and English languages. In the event of there being any doubts as to the meaning or any difference of meaning between the Chinese and Japanese and English texts, the English text shall be authoritative.

中華民國二十一年五月五日訂於上海
昭和七年五月五日上海に於て之を作成す
Done at Shanghai, this 5th day of May, 1932.

外交次長　郭泰祺

陸軍中將　戴　戟

陸軍中將　黃　強

陸軍中將　植田謙吉

特命全權公使　重光葵

海軍少將　嶋田繁太郎

陸軍少將　田代皖一郎

陸軍中將　植田謙吉

特命全權公使　重光葵

海軍少將　嶋田繁太郎

陸軍少將　田代皖一郎

外交次長　郭泰祺

陸軍中將　戴　戟

陸軍中將　黃　強

QUO TAI-CHI, Vice-Minister for Foreign Affairs

TAI-CHI, Lieutenant-General

HWANG CHIANG, Lieutenant-General

K. UYEDA, Lieutenant-General

M. SHIGEMITSU, Envoy Extraordinary and Minister

Plenipotentiary

S. SHIMADA, Rear-Admiral

K. TASHIRO, Major-General

見證人：

依據國際聯合大會中華民國二十一年三月四日決議案協
助談判之友邦代表

駐華英國公使藍普森

駐華美國公使詹森

駐華法國公使韋禮德

駐華意國代辦使事伯爵齊亞諾

同席者として

昭和七年三月四日の国際連盟総会決議に従い商議に助
力する友好国代表者

中国駐箚英国公使 サーマイルズ・ウェッダーバン・
ランプスン

中国駐箚米国公使 ネルスン・トルースラー・ジョン
スン

中国駐箚仏国公使 アンリーオーギュスト・ウィルダン

中国駐箚伊国代理公使伯爵 ジェー・チアノ・デイ・
コルテラッツオー

In the presence of

MILES W. LAMPSON, His Britannic Majesty's Minister in
China

NELSON TRUSLER JOHNSON, American Minister in
China

WILDEN, Ministre dc France en Chine

GALEAZZO CIANO, Chargé d'Affaires for Italy in China

Representatives of the friendly Powers assisting in the
negotiations in accordance with the resolution of the

Assembly of the League of Nations of the March 4th, 1932.

附件第一號

本協定第二條規定之中國軍隊地位如下：查照附連上海區郵政地圖（比例尺十五萬分之一）由安亭鎮正南蘇州河岸之一點起，向北沿安亭鎮東最近小浜之西岸至望仙橋，由此北過小浜至沙頭東四基羅米突之一點，再由此向西北至揚子江邊之滸浦口，並包括滸浦口在內。

第 1 附属書

本協定第二條に定むる中國軍隊の地點左の如し

附屬縮尺十五萬分の一郵政地圖上海地方參照

安亭鎮の正南方蘇州河上の一點より北方安亭鎮の直ぐ東方のクリークの西岸に沿ひ望仙橋に至り、次で北方にクリークを越え沙頭の東方四キロメートルの一點に至り、次で西北方揚子江上の滸浦口に至り且之を含む右に關し疑を生するときは問題の地点は共同委員會の請求に依り共同委員会の委員たる參加友好國の代表者により確めらるべし。

ANNEX 1

THE following are the positions of the Chinese troops as provided in article 2 of this agreement-

Reference: the attached postal map of the Shanghai district: scale: 1/150,000.

From a point on the Soochow Creek due south of Anting Village north along the west bank of a creek. Immediately east of Anting Village to Wang-hsien-ch'iao, thence north across a creek to a point 4 kilometres east of Shatow, and thence north-west up to and including Hu-pei-k'ou on the Yangtze River.

In the event of doubts arising in regard thereto, the positions in question will, upon the request of the Joint Commission, be ascertained by the representatives of the participating friendly Powers, members of the joint commission.

附件第二號

本協定第三條所規定之地方如下：

此項地方在附連四地圖各別標誌為甲、乙、丙、丁，並稱為一、二、三、四各地段。

地段（一）見甲圖。雙方訂明：（一）吳淞鎮不在此地段之內；（二）日方不干涉淞滬鐵路暨該路工廠之運用。

地段（二）見乙圖。雙方訂明：萬國體育場東北約一英里許之上海公墓，不在日本軍隊使用地段之內。

地段（三）見丙圖。雙方訂明：曹家寨及三友織布廠不在此地段之內。

地段（四）見丁圖。雙方訂明：使用地段，包括日本人公墓及東面通至該墓之路在內。

關於此項地方遇有疑問發生時，經共同委員會之請求，

由該委員會之與會友邦代表查明之。

日本軍隊向上列地方之撤退，於本協定生效後一星期內開始，關於開始撤退起四星期內撤完。

依照第四條所設之共同委員會，對於撤退時不能移去之殘疾病人或受傷牲畜，採取必要辦法，以資照料，並辦理其日後之撤退事宜，此項人畜，連同必需之醫藥人員，得遺留原地，由中國當局給予保護。

第2附屬書

本協定第三條に定むる地方左の如し

前記地方は甲、乙、丙及丁と標記せる附屬地圖に區劃せらる右は、第一、第二、第三及第四地域として引用す。

第一地域は「甲」地圖に示さる（一）本地域は吳淞鎮を除外すること（二）日本國側は淞滬鐵道又は其の工場の運用に干渉せざるべきこと合意せらる。

第二地域は「乙」地圖に示さる國際競馬場の北東方約一哩に當る中國人墓地は日本國軍隊に依り使用せらるべき地域より除外せらるること合意せらる。

第三地域は「丙」地圖に示さる本地域は曹家寨及三友織布工場を除外すること合意せらる。

第四地域は「丁」地圖に示さる使用せらるべき地域は日本人墓地及之に至る東方の通路を含むこと合意せらる。

右に關し疑を生ずるときは問題の地方は共同委員會の請求に依り共同委員會の委員たる參加友好國の代表者

に依り確めらるべし 。

右に示さるる地方への日本國軍隊の撤收は本協定の實
施より一週間以内に開始せらるべく且撤收開始より四
週間内に完了せらるべし 。

第四条に依り設置せらるべき共同委員会は撤收の際引
揚げ得ざる患者又は傷病動物の看護及其の後の引揚に
付必要なる措置を講ずべし右患者又は傷病動物は必要
なる衛生人員と共に之を其の現在地點に殘置すること
を得中國當局は右に對し保護を與ふべし 。

ANNEX 2

THE following are the localities as provided in article 3 of
this agreement:

The aforesaid localities are outlined on the attached maps
marked "A"."B".,"C".and "D". They are referred to as
areas 1, 2, 3 and 4.

Area1 is shown on map "A". It is agreed (1) that this area
excludes Woosung Village; (2) that the Japanese will not
interfere with operation of the Shanghai-Woosung Railway
or its workshops.

Area 2 is shown on map "B". It is agreed that the Chinese
cemetery, about 1 mile more or less to the Northeast of
the International race track is excluded from the area to be
used by the Japanese troops.

Area 3 is shown on map "C". It is agreed that this area
excludes village Ts'ao Chia Chai and the Sanyu Cloth

Factory.

Area 4 is shown on map "D". It is agreed that the area to be used includes the Japanese cemetery and eastward approaches thereto.

In the event of doubts arising in regard thereto, the localities in question will, upon the request of the joint commission, be ascertained by the representatives of participating friendly Powers, members of the Joint Commission.

The withdrawal of the Japanese troops to the localities indicated above will be commenced within one week of the coming into force of the Agreement and will be completed in four weeks from the commencement of the withdrawal.

The Joint Commission to be established under article 4 will make any necessary arrangements for the care and subsequent evacuation of any invalids or injured animals that cannot be withdrawn at the time of the evacuation. These may be detained at their positions, together with the necessary medical personnel. The Chinese authorities will give protection to the above.

（附圖A）（甲）

（附圖B）（乙）

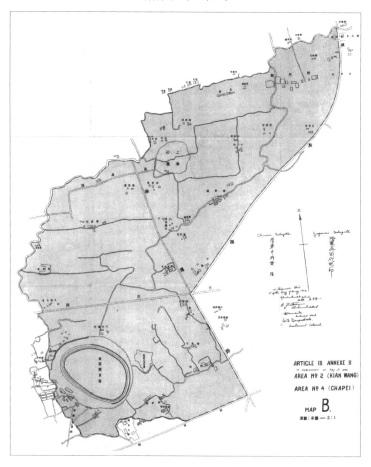

（附圖Ｃ）（丙）

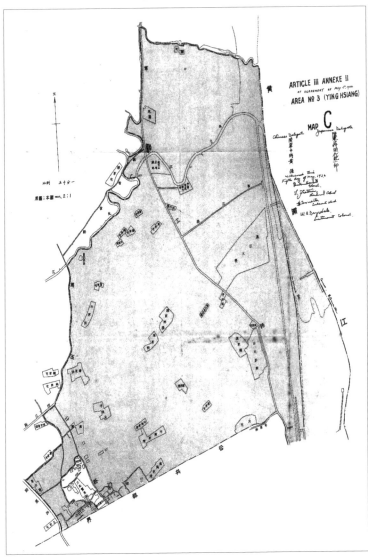

（附圖 D）（丁）

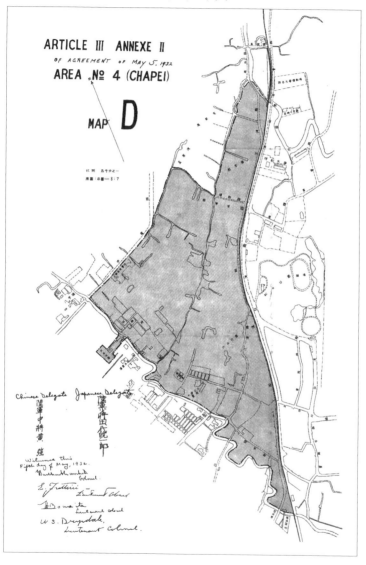

附件第三號

共同委員會以委員十二人組織之。中國及日本兩政府暨依據國際聯合會大會三月四日決議案協助談判之與會友邦代表，即英、美、法、意各駐華外交代表，各派文武官吏代表各一人為委員。該會委員依照委員會之決定，得隨時任用認為必要數之助理員。所有關於程序事宜，由委員會斟酌辦理。

該委員會之決定，以過半數行之。主席有投票取決權。主席由委員會內與會友邦代表委員中選舉之。

委員會依照其決定，以其認為最善之方法，監視本協定第一、第二、第三各條之履行；並對於履行上述各條之規定有任何疏懈時，有促使注意之權。

第 3 附屬書

共同委員會は十二名の委員即ち日本國及中國の政府竝に三月四日の國際聯盟總會決議に從ひ商議に助力する友好國の代表者たる米國、英國、佛國及伊國の中國駐箚外交代表者の各の代表者たる文官及武官各一名を以て構成せらるべし共同委員會の委員は其の隨時必要と認むる數の補助員を委員會の決定に從ひ使用すべし手續に關する一切の事項は委員会の裁量に委ねらるべく、委員會の決定は多數決に依りて爲さるべく、議長は決定投票權を有すべし議長は委員會に依り參加友好國を代表する委員中より選出せらるはし。

委員會は其の決定に從ひ其の最良と認むる方法に依り本協定第一條、第二條及第三條の實行を看守すべく且

前記三條の何れかの規定の實行の懈怠に対し注意を喚
起するの權限を有す 。

ANNEX 3

The Joint Commission will he composed of twelve members, namely, one civilian and one military representative of each of the following: The Chinese and Japanese Governments, and the American, British, French and Italian Heads of Mission in China, being the representatives of the friendly Powers assisting in the negotiations in accordance with the Resolution of the Assembly of the League of Nations of the March 4th. The members of the Joint Commission will employ such numbers of assistants as they may from time to time find necessary in accordance with the decision of the Commission. All matters of procedure will be left to the discretion of the commission, whose decisions will be taken by majority vote, the Chairman having a casting vote. The chairman will be elected by the commission from amongst the members representing the participating friendly Powers. The Commission will in accordance with its decisions, watch in such manner as it deems best the carrying out of articles 1, 2 and 3 of this Agreement, and is authorised to call attention to any neglect in the carrying out of the provisions of any of the three Articles mentioned above.

第二部　日記

著作人抗日會──
王禮錫戰時日記（1932）

滬戰爆炸第一聲

一月二十九日

　　黎明，S君破門而入，狀似非常惶急，述昨晚十九路軍已經和暴日的軍隊幹起來了。我們張皇地起床，急於出外打聽消息。

　　剛要出門，秋原來，說租界內各處交通已斷絕。子英、秀水都陸續地從青年會來，說全市商店已經罷市，銀行也不開門，一切鈔票都不通用。十時，希聖來，他住在海寧路新生命書店樓上，離閘北很近，從書店樓上可以望見閘北的日本飛機擲彈和沖天的大火。

　　「日本五、六架飛機，都集中在閘北擲彈，飛得非常之低。打一個旋，擲一個彈，起一陣火；打一個旋，擲一個彈，起一陣火。整個閘北已成了火窟，火焰與黑煙瀰漫了半個天空。中國軍隊用步鎗打飛機，其效力自然非常之微，但有人的確看見一架飛機像中彈似的斜斜的飛落。商務印書館似乎已經起火，文人的心血與工人的血汗都化成滿天的灰燼，像陽秋落葉一般簌簌地到處紛飛。有人在海寧路附近拾著飄來燒殘的片紙，似乎是植物學教科，商務印書館的被焚，是更加證實了。不過東方圖書館似乎還沒有起火。」這是希聖的敘述。

　　小屋子裡充滿了不安，幾架書不知道那一天會變成灰燼，書櫃，桌子，乃至於牆上的鏡框，都像負著氣，

特別顯露其刺目的稜角，沙發上都像長滿了刺，坐不下去。一群人穿來撞去的，誰的心頭都像包藏了一把火或一顆炸彈，碰著什麼就要爆裂似的。

「我們趕快吃點東西出去看看吧。」鹿皇急地說了，即轉入廚房去催娘姨做飯。

飯後，我們都分頭出去。

街上表現得非常的恐慌。鋪子都關上了門。僅有找換零錢的鋪子在鋪窗上還留一個小洞。人都張張皇皇地走。街頭有兩、三個人停止腳步說話的時候，就有一群人圍攏來聽消息。一元一張的鈔票，已經不大通用了；至於五元十元的無論是買米買炭都不成，給銀錢鋪也找換不開。並且米和炭的價格一點鐘比一點鐘增高。

戰爭要這樣延長到一個月，定會發生大恐怖。一切存錢在中國銀行的，定會提存外國銀行。銀行錢莊倒閉。一切店鋪得停止營業，饑民從滿街的流浪而洪水一般地去到處搶飯吃，我們也不免要成為猛獸一般的暴動者之一份了。

憤怒與恐怖抓住了街頭的每一個人！每一個人都可驅上民族鬥爭的最前線，如果有很好的組織來領導。

順步溜到叔模家，叔模表示很閑靜，他的性情是遇事不大著慌的。他主張《讀書雜誌》辦一個號外。我也正這樣想，只是不知道戰爭擴大至若何程度，新聞路的印刷所是不是還可以開工。

叔模說從他的屋頂可以看見閘北的火。我們都爭先地登上屋頂嘎！濃煙遮蔽了半天！飛機一群還在閘北方面盤旋著，不知道多少文化的精華在這濃煙裡消失！不

知道多少可憐的生命和多少可憐的生命所託命的物質化為灰燼！上海的一個貧民窟是給暴日的炸彈結束了！

回來吃過晚飯，我們的客廳裡堆滿了許多人：芳艸夫婦、希聖、秋原、龔彬、農山、子英、秀水，各人都報告各方面得來的消息。使我們整個屋子興奮得發狂的消息，是日軍被我十九路軍打退，老靶子路附近是無敵軍了。

「我們能夠做點什麼呢？在這個反日戰爭當中，我們總得找點什麼事做做才好。」鹿開始提示這個疑問。

有人提議捐款慰勞士兵，有人提議組織義勇軍，有人提議到街頭去宣傳。但是，我們的朋友也和我們一樣地窮，朋友以外的人，是會得不到他們的理睬的，所以募捐是徒勞無益。組織義勇軍吧，我們既沒有軍事知識，又沒有武裝群眾。至於宣傳，日軍已有飛機、炸彈、槍炮、火，在作事實的宣傳，賣膏藥的講演中什麼用！結果，仍然離不了動筆的事，決定出一個抗日戰爭號外，由讀書雜誌、文化評論兩社合作，錢也由兩個社的份子自己掏。希聖決定社會與教育社也出一個號外。

「那我們就開始打聽消息和找印刷所吧！明天就出版，誰和我同去？」我站起來，順手就披上大衣。

「我去，我去……」子英、秀水、芳艸、龔彬、秋原、農山都爭著去。

「咱們都去吧！」

一窩蜂擁出門，只留希聖、蘊芳、叔舉和鹿在家。後來希聖也趕回去寫文章了。

交涉好印刷所，打聽了消息，回來時已夜深，還寫

了一篇時論，準備明天用的。

　　一家人誰都緊張得睡不著，幾乎談到天亮。

　　這次戰爭的爆發，簡直出乎一般人意料之外。

　　自九月十八夜張學良無抵抗地把東三省送給日本以後，日本對中國是著著進逼，騷擾沿海各埠，出兵上海，種種威脅的舉動，都顯然在預期之中。政府雖處處宣言收復失地，不但沒有一兵一卒向東北動員，而且全國軍事的配置，都保持平日「割據地盤式」的配置，並沒有絲毫對外的形跡可尋。無論在自己和敵人，都在默契中了解此次中國將接受日本的任何侵佔與侮辱。

　　一月十八日滬東三友實業社附近日僧被毆事件發生以後，日本領事四項嚴重的抗議：道歉，捕凶，賠償，及取締排日行動，上海市政府也在意料中於昨晚完全滿意的接受了。而且市政府馬上雷厲風行地執行其僅有的威風於自己的民眾，各界的抗日救國會就在其威風之下結束其命運。日本進而要求中國軍隊退出閘北，據說政府也屈服地接受了，正在和十九路軍接洽換防之際，日軍突然地向閘北進攻。

　　事實和預期不符的原因，完全在十九路軍。當馬占山在東北抗日的時候，T軍長已決心提拔一旅精兵，改換民眾義勇軍的符號，北上赴援。這件事很少人知道，有一天在C先生的家，T軍長伸其長頸度其鶴一般的闊步，「我軍雖在中國已嘗試過一切精銳的隊伍，但不和外國軍隊作一次戰，則過去一切戰爭都是罪惡，我們的苦是白受了，精力是白費了。」憤然地說。

　　於是C先生、C總指揮、T軍長三人作一度協議，

就決定抽調一部分隊伍用義勇軍的名義北上，到準備就
道之日，就發表通電，事前不聲張。通電Ｃ先生要我起
草，我自然義不容辭地答應了。

　　義勇軍正準備就道，通電也準備發出，上海忽陷於
暴風雨的前夜，十九路軍遂不必從長途的赴援去發洩他
們的民族的義憤。

　　因此，這民族戰就在十九路軍自發的抵抗中爆發了。

　　晚間，偕鹿去看廖夫人。廖夫人方掙扎其老憊的軀
體，揮動其枯瘦的腕，正忙著組織救護班和慰勞隊。要
鹿參加這個工作。明晨開會討論慰勞隊進行的事情。鹿
答應明天到會。真如夫人也參加了這慰勞隊，現在正買
慰勞的物品去了。

孤立的悲哀

一月三十日

　　今天各方面都緊張起來了。在上海，從來整天整晚
的資產階級的姑娘少爺們狂於跳舞，迷於電影，沉醉於
芬烈的香檳；工人們則整天整晚勞苦萬分地為著生存而
勞動，為著裝點資產階級的金迷紙醉的文化而勞動。現
在，日本的砲火，轟著整個上海向另一方面動：舞場關
閉了；電影院很少人進去了；平常拖長聲音叫賣報紙的
像煙鬼似的報販，現在慌張地自晨到晚揮著不同樣的朝
報、晚報、號外滿街飛跑了；救護事業也到處進行著，
並且策動了許多闊太太小姐們；民眾義勇軍尤其像雨後
春筍般到處茁起，民族的狂熱把整個上海的民眾燃燒得
瘋狂了！

　　我們五、六個朋友全部動員去辦那個小報,探消息、編新聞、寫文章、校稿乃至於指導排字、印刷、招集報販子都是自己動手,居然自九點鐘到下午兩點鐘的努力,滿街的報販子就揮著抗日戰爭號外在叫賣。

　　叔模不大贊成我的市民抗日政府的主張,他以為自己沒有組織的準備,這口號是空叫了的。我和他辯了很久,甚至罵他是自私的政論者。其實沒有組織什麼都是空的!一切真理屬於力量,一切力量屬於組織。孤獨者的口號永遠是風中的柳絮,飄揚無著落的。

　　況乎中國這次的民族戰,我看是支持不下去的。支持政府的中心力量是金融資產階級。而金融資產階級完全是投機性的。他們並不是投資於工業以壯大自己的階級,他們是投資於公債與租界內的土地。前者是政治投機,政治一天可以苟安,則他們可以累積一天;後者是沾潤帝國主義者在中國剝削的餕餘。假使戰爭延長擴大,上海為著不安全而地皮價落,公債更不待言要吹台,金融資產階級和其所支持的政府便沒有存在的可能。這樣構成的政府可以長期支持這對外戰爭嗎?

　　所謂市民抗日政府正是企圖一個新的政權起來。這新的政權起得來嗎?民族資產階級和無產階級一樣的力量薄弱,將以那一個階級來支持這市民抗日政府?換一句話說,市民將以那一個階級為內容?這個問題解答不了,新的政權便起不來。不過是戰爭之後屈伏,屈伏之後暴發一個新的內戰,延長並擴大混亂而已!

　　所以,市民抗日政府者,不過是夢囈而已。雖然明知是夢囈,無妨藉以麻醉自己;雖然明知是鏡中花,也

無妨藉以欺騙自己！嗚呼，孤立的知識份子的悲哀！

今天苦極了，一早起來與鹿分開，她去幫廖夫人，我去探消息編報。把重要的消息探好了，寫交在印刷所候著的一群朋友。我又為廖夫人去找醫生看護。到廖夫人家時，她們都已走了。據說在新世界開會。趕到新世界，又說幾輛貨車裝到戰區去了。我很擔心，日本人是很野蠻的，戰區怎麼可以冒然的闖去呢！後來打聽到她們經過許多周折才把慰勞品送到後方去了。

天賦真理

一月三十一日

某黨的一個小報，在今天有一篇「請看王禮錫的政治主張」，是批評我昨天的時論。

昨天時論的內容是三點：一，武裝全國民眾作持久擴大的抗日戰；二，全市罷市罷課罷工，反對日本暴行，威脅各帝國主義在上海的統治；三，市民自動組織市民抗日政府。

批評的內容呢？「主戰非誠意，為的要轉移階級鬥爭為民族鬥爭。罷工也非誠意，為的是欺騙工人。市民政府的主張也非誠意，為的是要打倒某某的政府，建立某某的政府。」總之，主張是對的，在我說來就不對了。

真理只限於自己的方面，到了別人的一方面，即或與自己沒有兩樣，也是不對。所以，「主張」無罪，罪在我是我而非他。

據說從前的皇帝們是金口銀牙，說什麼就是什麼，

大概「天賦真理」應該屬之於他們。我無罪，沒有賦我
以真理的特權其罪。

　　午後一位朋友來商量組織義勇軍的事，約到□□飯
店。飯店裡開了四間大房，亂糟糟總有六、七十個人擠
著。揎拳頭的揎拳頭，嚷的嚷，起草宣言的起草宣言。
他們說全部近一千鎗，子彈也不少，至於人不號召則
已，一號召萬人可以立集，只是沒有糧餉。我想事情有
點玄虛。主張他們有勇氣有辦法就衝日軍區域，儘量破
壞日資的一切工廠及大商店。這樣做不到，就給十九路
軍做點後方工作倒還實際。他們不聽，要組織正式軍
隊，並且說有某某幫忙。那只好由他們去。這個時候多
做點破壞工作總是有利的。

「十九路軍的歷史就以這民族戰結束了吧？」

二月一日

　　幾天來累極了，打算今早多睡些時，七點鐘就有人
來敲門，只好揉揉眼睛爬起來。

　　進來的是兩位黃浦青年，持□□的名片找我商量組
織義勇軍問題。他們說，在某地有武裝民眾兩千餘，在
某地有三千餘，在某地因為劫奪過敗兵的武器埋在地下
的鎗枝也不少。現在的問題就在沒有通行證，沒有領
袖，他們群推□□來領導這個武力。□請他們來徵求我
的意見，並希望我幫助。

　　□□是曾經做過師長的，他來做這個事自然很適
宜。不過所謂武裝民眾很明顯的是土匪與流氓，這些沒

有生產背景的武力是很危險的。最好在這個時期，前敵組織一個戰地政治委員會，將戰區附近的農民、工人、商人武裝組織起來，這倒是一個新政權的基礎。

九時遇著憬然，談及這意見。他是一個很沉著的軍人，近來更沉默了。他移動其似乎文弱的身軀在客廳裡踱著；但雙肩上似乎壓著極困頓的重負，大概有什麼很難解決的問題，或者前敵有什麼不好的消息正在煩苦著他。客廳裡靜極了，只有門外急促的電話聲時常傳來。

「只是十九路的孤軍不能來擔負這個責任。」這是他對於我的建議的一個答復。

「然則對於義勇軍的蜂起怎樣處置呢？」

「我們沒有權領導他們，也不忍阻止他們，只好盡我們的力量從旁幫助。」

我隨便談起了這兩天義勇蜂起的情形之後，大家沉默了半晌。

「十九路軍的歷史就以這民族戰結束了牠吧！」蔣很淒涼悲壯的這樣說。立刻一幅血戰圖展開在我的眼前，無情的炮火不斷地轟，我軍壯年的英勇的士兵一個個倒在血泊裡，「十九路軍的歷史在這樣淒涼悲壯的民族戰下結束了！」政治的環境僅僅使這個戰爭造成這樣慘淡的意義，這是中國民族史上的一個大悲劇！

十時，我們去印刷所編報。罷工委員會派人來工廠宣傳罷工，工人不理會。我替他們把工人集合在天井裡談話。他們要工人推派代表，工人不派。結果，仍由我指定兩個代表參加。

「平時不燒香，急時抱佛腳。」這些工運先生們只

配在他們掌握政權時，用皇皇的詔令去指揮罷工。嗚呼！無產革命的前途！

　　自今天起，停戰三日。

罷工抗日與罷抗日的工

二月二日

　　工運先生們又要我替他們聚合工人宣傳罷工了。他們中似乎以一個矮子比較強幹。

　　「資本家是不是壓迫你們？」那矮子問。

　　工人們不作聲。

　　「現在是年關了，你們有許多債主要逼你們還債，所以你們要要求『年關雙薪。』」最後一句用叫口號形式，頭一挺，手一舉，臉掙得紅紅的。他意想中群眾一定會高聲應和「要求年關雙薪！」這樣他就居然像一個工人領袖了。

　　工人們仍然不作聲，也沒有表示。

　　「你們平時所得的薪水，不夠你們自己的生活，更不夠養活你們的妻兒子女。你們要曉得，這不是你們的能力不夠得更多的錢，是因為資本家剝削了你們的剩餘價值。所以，你們要要求加薪！」

　　「日本來打我們，鋪子都快要關門了，我們好意思在這個時候要求加薪！」一個工人輕輕地說。

　　「我們要要求這些切身利益，我們就得表現力量，所以，我們非罷工不可！」矮子說。

　　「好！」另一個工運者說：（因為他看見工人沒有應聲）「我們自明日起停止一切工作！」

工人們仍不作聲。

「我有一句話給你們各位貢獻，」我是非攙嘴不可了，因為這危及我們所辦的小報，「這一次罷工，應當是政治的意義超於經濟的意義，『反日』的口號下可以集中一切力量，罷工也應當在這個口號之下行動。至於資方，這時也沒有辦法，雖然你我都不是資本家，資本家的底蘊我們不清楚，但銀行關門是事實，有錢也取不出來。能維持原薪就算很好，怎能發雙薪，怎能加薪呢？」

「有一件事是關於我們自己的，也是關於反日工作的，我們希望能得到大家的原諒與幫助。就是希望對抗爭戰爭號外的工不罷。我們是為抗日而罷工，不是罷抗日工作的工。這點意思想必大家能接受。」

「那抗日戰爭號外由罷工委員會接收好了。」一位工運者像有準備似的毫不思索的說。

「你們以什麼資格來接收這個號外？」秋原很氣憤。

「本來我們自己也準備罷工的，不過我們的罷工，是罷為市場生產的工，而積極參加抗日工作的工。現在我們兩個報紙，一個為士兵看的──軍中日報；一個為民眾看的──抗日戰爭號外；都是抗日的工作，我們不是要全社會停頓，而是要全社會作戰，一切組織成為作戰的組織。你們既是罷工的總機關，所以這個工作就讓給你們去統一去包辦。但你們所包辦的工作僅是罷工呢？還是一切抗日工作？如果限於罷工，那號外的接收你們既沒有必要，也沒有權去接收。如果是包辦一切抗日工作，那我得問你們前敵打仗的工作是不是也由你們

去接收？」我這樣問了他們，不等答覆就走了。

那矮子瞪著兩眼。

工人一哄而散。

工人的血

二月三日

小報夭折了！

當我去印刷所編報的時候，許多工人圍著我在印刷所的門前，中間有四隻可怕的血手。據他們的敘述是工運者要他們罷工，要他們向資方要求利益，他們仍然是一向的沉默。他要一個小學徒出席罷工總機關的會議，學徒不肯去。

「我給你們謀利益，你們還不肯去嗎？賤東西！」說著，就是一個耳光。左手一個畫餅，右手一口寶劍，不接受畫餅的，就是一劍，這是做工人運動的法門，嗚呼！

其餘的工人動了氣，要驅逐工運者出去，工運者中的一個就拿出小刀殺傷他們兩個人。

當我上樓的時候，校對部中兩個工運者又裹著頭來向我哭訴，說工人打了他們。

工廠既不是我的範圍，糾紛又根本與我們無涉，算了吧，報也不辦了，糾紛讓給糾紛自己去處理。

吳淞開戰了

二月四日

自昨天停戰期限終止，人心都惶惶不安地期待著大

戰的快要到來。

今天果然開戰了。

傳說不一：有人說吳淞砲台給日軍轟毀了。有人說要塞司令鄧振銓死守吳淞。

後來到口處才得到消息。所謂吳淞要塞司令者早已料敵如神，知道日軍要炮轟吳淞，帶著妻兒子女一溜煙跑入租界。炮台上簡直就沒有打得響的炮。現在是十九路軍譚啓秀的隊伍在作戰。

中國近年以來，軍費也花得不少，不過是全數用在內戰上面。至於洋大人，他們從來沒有想到要抵抗的。並且洋大人們在他們眼中是天生的不可抵抗，所以並沒有浪費他們一點軍費去修理要塞的炮台。「天下為公」，這話是對外國人說的，中國的「天下」，儘可「公」之於外邦，不可「公」之於「家奴」。根據這個原則，所以對內是「奪取地盤」，對外是「門戶開放」。因此，吳淞的炮，就沒有一個是響的。

不過，事出意外，吳淞的炮雖然不響，十九路軍的短射程的野炮，居然可以和日本的最新式、最厲害的重炮抵抗，居然抵抗了一整天，直到晚報來時，吳淞還在我們手裡。如能一天天繼續抵抗下去，抵抗到十天半個月，則真是出乎他們意外的、違反天理的事了。如果從前的軍費能用一點在邊防，將更有出乎我們意料之外的事情發生。

小張的「不抵抗」，並不是小張的新發明，從中國軍事設施的輕重看來，中國自滿清末造以來，在無論誰當政的時候，從來沒有準備抵抗外侮，「不抵抗」，在

從來的政治者是默契的預定。

小張的不抵抗是意中，十九路軍的抵抗是例外。

政府對於這例外的教訓，不知所得的是什麼。

炮聲不斷度除夕

二月五日舊曆除夕

炮聲不斷度除夕，

深夜圍爐肝膽熱，

各有如潮心事紛，

坐看戰火吐長舌！

今晚炮聲特別的重而且密。法界冷僻的一角的一個小樓上，四個人圍著爐，沉浸在當前的怒憤與回憶的悲哀所糾結成的痛苦中。我的腦中常常閃過一張張模糊不清的影片，給重且密的炮聲，一幕幕毀滅了！

竈炕裡熊熊地燒著大而乾的樹根，一整夜燒不完，除夕「燒豬頭」的習慣，在我們鄉間是一年年不倦地演下去。一面是牆，一面是我竈，我和妹妹坐在靠竈的小杌子上，母親坐在靠牆的長凳上。妹妹很頑皮地翻著樹根看，「這是豬耳朵，這是豬的長嘴，這是豬眼睛……」有時拍的一聲，火星向柴堆裡飛。「鬧什麼？」母親中斷著正在講述的故事加以制止。

有時我們在火光的喜悅中唱著歌謠，或唐人小詩，母親敲半月形的小凳子作拍子。

轟……一幕毀滅了。

後廳兩個老者對坐著，鬍子都白得如銀。祖父的長些，頂長的幾根垂到胸際，但牠們是有趣地曲曲折折地

往下垂，不像一蓬草樣的不藝術，很像他的性情一樣的溫厚而神祕。叔祖父的短些，也像他的性情一樣地古怪，牠的尖端向上翹。他說話時常常摸他的鬍子，並且極力使牠的尖端翻上去。

幾個小孩侍立在他們的旁邊。

他們的話，我們小孩不大懂，約略知道是談些書本上很淵博的話。但是這空氣的神祕與藝術勾留著我們。

我們跕或蹲在這兩個寬袍大袖的老者之間的火爐旁，可以直到他們要去睡的時候。他們是不守歲的。

轟……又一幕毀滅了！

一個青年的學生，披著一領薄舊不大能禦寒的棉袍，在可以吹倒人的東湖風中來來去去，趕著一年的最後一天的工作，領取最後一個月的低得幾乎不能養活自己的工錢，在滿城爆竹聲中跑回不能轉側的寓所。仲烈正在開箱取出其最後的孤注，我們拼湊起來就走上一個全城最低廉的一個清真館。

「炒牛肉絲！」

「多加辣椒！」

「先生，還要什麼？」堂倌問。

「吉安冬酒。」

「菜不夠吧？今天過年。」堂倌很奇怪我們只說一個菜。

「喫著看，不夠時再來一個炒牛肉絲，多加辣椒。」因為這個菜價廉量多，刺激性又很重。

堂倌笑著去了。

豁拳，鬧酒。

罵人。

談國家大事。

周圍的視線都集中在我們一桌。

轟……又一幕毀滅了！

「兩盆梅花五曲屏，一個大姐何處尋？」

我，小鹿，叔模，子英四個人闖進圖書館長室，靠壁兩盆清香滿室的梅花，一個五曲的圍屏遮著火爐，桌上堆滿了裝潢得古香古色的一套一套的書，真像紅樓中小姐們的住室了。「兩盆梅花五曲屏，一個大姐何處尋？」我嚷。

等一刻大姐來了，帶了不少的餅果、小白梨、大鴨梨，東安市場頂好的一家的五香瓜子，精緻的糕餅，堆滿了一桌。

圍著爐清談了一夜。

叔模是中年人的情調，在這微溫的生活中，找點微溫的清談以自娛。大姐是充溢著徘徊於「愛戀」與「獨身」之間的若隱若顯的悲哀。我和小鹿是將近進入愛之領域時各各鬥點神祕的機鋒，而在這莫可名狀的神祕的酒漿中沉醉。所以大家一直談下去通宵不覺得一點困倦。至於子英則尚是無所感覺的小孩，坐在椅子上昏昏睡去。

轟……又一幕毀滅了！

風雪肆其威力圍攻一個小樓。

三鋪半蓆子的小樓上凌亂地堆著「倚來為枕臥為茵」的書卷，一個人披著和服藉書堆而蜷坐在火缸旁。很有充分而安閒的時間使他思念故國的母親，愛人，和

朋友們；很有充分而安閒的時間使他賞鑑異國的深夜的
雪景：鴿籠般像雕刻成的小屋鑲滿了銀，孤危的小樓像
海上銀濤洶湧中的扁舟。

轟……又一幕毀滅了！

沒有了回憶，沒有了遐想，沒有了眼前的人，沒有
了一切，有的只是炮聲，只是炮聲！轟起胸中的憤火像
窗外的戰火一樣捲起長舌向天空橫掃，似乎要毀滅這殘
酷的宇宙！

著作者的抗日集合

二月七日

抗日的高潮，使上海的窮著作者捲到這繁華都市的
最寂寞的一角的一個中學集中。

會是這樣集合的，戰事發生了，三個五個在街頭流
浪中遇著，或適逢其會的擁擠在一個旅館裡，感到智識
份子應該貢獻他們可貢獻的力量於這個鬥爭。同時又感
到在「反日戰線」之下，應當可以把許多意見不同的智
識份子，作一時的戰鬥的集合。於是這「聯合戰線」的
會就在這樣自由相約的情形之下開成了。

到會者有陳子展、樊仲雲、李石岑、梅龔彬、戈公
振、王亞南、施存統、陳望道、胡秋原、薛鐵珊、馮雪
峯、丁玲、鄭伯奇、汪馥泉、樂嗣炳等四、五十人。小
鹿因為被廖夫人邀去了沒有到會。一個小屋中黑壓壓的
擠著許多人，挾著細雨的冷風，從破玻璃窗中吹進，雖
然許多人冷得打顫，會議還是很熱烈的進行著。

會中為些小問題爭吵得很厲害。好像名稱問題，有

的主張「著作者抗日會」，有的主張「著作者抗日聯合
會」。為著這樣的小問題，可以發表一大篇議論，爭吵
到半點鐘。又像討論程序問題，「先組織得工作」和
「先工作後組織」都可以有十幾個不同的意見。智識份
子是老愛在字面上做工夫，到了實際行動上是很少有這
樣認真的。

　　討論了幾個原則之後，通過了一篇宣言選出十五個
執行委員。宣言是秋原起草的。執行委員，左聯方面當
選的，有丁玲等，托派方面當選的有顏靈峯、高語罕
等；無組織的最多，亞南、秋原、龔彬、望道、存統、
仲雲、嗣炳、公振、馥泉，和我都當選。在過去著作者
協會開發起會之後，許多人很怕提起智識勞動者的組
織。以為智識勞動者的組織，必受某黨某派操縱。因為
著作者協會發起那天的情形實在使一班中立份子望而生
畏。當提出會員向發起會通過的時候，陶希聖、彭學
沛、高一涵、劉既漂、李石岑等等都以很奇怪的理由被
否決了。被否決的理由，陶希聖為「參加過新生命」，
彭學沛「是有名的汪院長的祕書」，高一涵「是監察委
員」，劉既漂為「給蔣總司令畫過圍屏」，李石岑「是
湖南人。」……

　　但實際上智識份子是不容易操縱的，因為他們有智
識又愛自由又有其清流式的潔癖。就這次選舉的情形就
可看出來了。

附錄中國著作者為日軍進攻上海屠殺民眾宣言：

　　全國被壓迫的民眾！

　　在東北民眾哀號慘叫於日帝國主義者四、五月的瘋

狂屠殺中，日本的軍隊又用槍砲炸彈轟擊上海了，自一
月廿八日以來，兇殘的日本軍隊日夜向上海猛烈轟擊，
繁華的街市，人民的房屋，文化的建設，都已變成了一
片焦土，而每日幾百幾千的同胞之血肉，也在日帝國主
義砲火之下橫飛，幾千萬的失業勞動者被擲出於街頭，
無家可歸的難民扶老攜幼地流離道上，在寒風與飢餓中
作垂死的呻吟，中國經濟文化之中心的上海，已經變成
了血肉模糊的地獄！

全國被壓迫的民眾！

在日本帝國主義瘋狂屠殺之日，各國帝國主義者一
則縱日本軍隊依據公共租界作戰，二則假意「調停」，
使日軍有調兵遣將，大肆屠殺的機會，最後甚至於提出
「中立區」的計劃，實行瓜分中國共管中國的陰謀，
國際帝國主義者之猙獰與偽善已經完全表現出來，他們
正張大其血吻，準備吞噬被剝削的中國大眾的骨肉！
英、美、法、意各國的軍艦雲集滬上，正在準備宰割中
國的鬥爭，第二次世界大戰的危機，時時刻刻有爆發之
可能，而全國民眾的生命財產，皆將葬送於這大屠殺之
中！這個時候，無恥的中國當局依然始終貫澈其亡國滅
種的無抵抗政策，始而承認日本的無理條件，繼而坐視
十九路軍士兵的孤軍抗戰！

全國被壓迫的民眾！

十九路軍的士兵，已經開始英勇壯烈的抗日防禦戰
了！全國民眾都紛紛起來組織義勇軍，武裝抗日了！這
抗日的革命浪潮，這全民族的憤怒與熱血，使帝國主義
者及無抵抗主義當局恐怖，於是帝國主義者處處妨礙

十九路軍的抗戰，而政府當局未聞有一兵一錢的接濟，同時，租界當局封閉反日團體，而上海市政府居然解散義勇軍了！

全國被壓迫的民眾！

現在是我們生死存亡的關頭，是我們血肉抗爭的時候！在爭民族自由獨立的戰爭，與亡國滅種的慘禍之間，已沒有我們徘迴的餘地！我們要誓死繼續這抗日戰爭，擴大這次抗日的戰爭，我們誓死反對慘無人道的日帝國主義之屠殺，反對背叛民族利益的無抵抗的當局，反對一切帝國主義宰割中國的陰謀，反對變相共管的中立區計劃，反對中外統治者壓迫民眾運動！反對一切妥協無抵抗政府！反對有名無實的抵抗！

全國被壓迫的民眾！

我們相信，只有積極抗日到底，才能在這次血戰中，爭取中國民族自由獨立的光榮！要達到這目的，必須全國民眾以壯烈的決心，實行總罷工、總罷市、總罷課，全國的農工商學兵一致聯合，組織起來，武裝起來，擴大義勇軍的組織，撲滅屠殺我們的日帝國主義者。我們並且主張，全國民眾應該組織民眾抗日代表會議，動員全國民眾，指揮全國民眾，與日帝國主義者作一決死的戰爭！

全國被壓迫的民眾，全國的工人、農民、商民、士兵、學生、教員，以及一切著作者們！現在是生死存亡的最後時機了！是我們要自己救自己，以我們所有的力與血，與日帝國主義抗爭的時候了！

在槍聲炮火之中，在血花飛濺之中，我們沉痛地

呼號：

反對日本帝國主義進攻上海屠殺中國民眾！

反對設立中立區的陰謀！

援助抗日的革命士兵！

積極抗日到底！

反對一切帝國主義宰割中國！

全國民眾武裝起來一致抗日！

反對一切對日妥協及無抵抗政策！

反對奸商操縱金融高抬物價！

擴大民眾運動組織民眾抗日代表會議！

聯合世界被壓迫民眾！

丁　玲、戈公振、巴　金、王禮錫、王亞南

王達夫、王伯達、王伯平、方光燾、方天白

白　薇、石　凡、田　漢，匡互生、任啟珊

任白濤、汪馥泉、汪洪法、沈嗣莊、沈起予

杜畏之、杜冰坡、李　季、李白英、李　達

李麥麥、李蘇民、李劍華、李石岑、何　畏

何丹仁、吳西岑、吳樹仁、林伯修、孟　超

金奎光、周予同，周谷城、周為羣、周白英

周起應、胡愈之、胡秋原、胡仲持、胡　楣

胡月祺、施復亮、郁達夫、祝秀俠、俞頌華

俞毅夫、洪靈菲、柳野青、孫師毅、孫福熙

孫君立、袁　殊、袁文炳、倪文宙、徐　翔

徐　雌、馬哲民、夏丏尊、章錫琛、屠金正

莊　稼、郭一岑、郭大力、郭超凡、郭　真

高希聖、高　衡、高語罕、陶希聖、許德珩
陳望道、陳子展、陳　穆、陳雪夫、陳代青
陳邦國、梅龔彬、張佩箴、陸晶清、張天翼
張栗原、張伯箴、張鳴霄、張耀華、華　漢
彭桂秋、彭桂生、傅　立、區克宣、黃菩生
楊邨人、楊　騷、葉紹鈞、葉華蒂、葉秀夫
管梅瑢、樓建南、蓬　子、趙　濟、趙景深
趙宋慶、鄧初民、鄭伯奇、蔡慕暉、劉侃元
劉薰宇、劉澤民、劉鏡園、樂嗣炳、樊仲雲
蔣徑三、潘光旦、潘震亞、錢杏邨、錢嘯秋
穆木天、戴平萬、鍾復光、韓　燁、薛鐵珊
謝冰瑩、豐子愷、嚴靈峯、顧鳳城

（以姓氏簡繁為序）

從炸彈中瞭望遠景

二月十一日

　　永安紗廠第三廠被炸毀了，死傷四十餘人，毀搖紗機五十餘架。大概誰都會因此而聯想及於這次戰爭的最近導火線的三友實業社工廠被焚事件吧！無疑地，在產業落後的中國，永安紗廠三友實業社是棉紗棉織業的領班，而為日本輕工業資本家的生死的敵人，戰爭期間日本對於這土著工業的毀害自然是預定了的，就說毀害中國正在萌芽中的土著工業是出兵上海的重要目的之一，也不算怎樣的過分跟誇張。

　　從這橫蠻的轟炸中，我們至少有兩個認識：
第一，以輕工業品輸入中國的國家，對於中國的輕工業

　　　　　資本的發展，是要——盡量不惜採用最橫蠻的
　　　　　——武力阻礙；
第二，中國輕工業資本已發達到了可以使「以輕工業
　　　　品輸入中國的國家」感覺到害怕到要敵視的程
　　　　度了。事實給「封建佔優勢論者」一個劈面的
　　　　嘴巴！

　　就國際的聯繫說來，中國不掙脫帝國主義的束縛，
中國只有一天天的殖民地化；要想走前一步，非打倒帝
國主義不可。而打倒帝國主義的第一步工作，必須要作
一次有全國組織的澈底的民族戰。

　　又從都市和農村的聯繫來觀察：

　　地主統治不打破，農民購買力日益破產，而工業
便絕對不得發展，經濟不得復興，革命的力量也不得
增大。

　　工業不發展，農村崩潰而流入都市的破產農民也就
不能加入產業軍。

　　這也是一個連環。

　　打破前一個帝國主義與半殖民地的連環，武器是澈
底的反帝戰。

　　打破後一個都市農村交相影響而破產的連環，武器
是土地革命。

　　這一次的反帝戰只能算是一個大反帝戰的先聲！

　　這一次反帝戰之後，假如有一個全國反帝的組織
因這一次的刺激而發生，則中國的前途就付託在他們的
身上。

　　假如這種結合是有的，必然是農工大眾小商人青年

軍人與前進的自由職業者的集合。

然而，也只是遠景而已！

停戰中的損失

二月十二日

今日自上午九時至十二時停戰四點鐘給戰區中居民以逃避及回家取物的時間。滿街黃包車拉著箱子鋪蓋捲跑。擁擠的行人中，十人有九人是形色倉皇地帶著他們的狼藉的行李走著。牽一條小狗，或推著一個肥胖的洋娃娃在夾道樹中悠閑地散步的洋女人們就在拉斐德路上也很少見到了。大概她們不願參加這無秩序的擁擠的不幸的人群吧！

在作戰的時候炮火的轟炸聲，掩蔽了一切可驚的損失。今天，許多朋友的小損失都已暴露，似乎比每天報上披露的鉅大損失的描寫與數字還更使我們關心。人類的同情心是和關係的深淺成正比例的。

晚上遇著樊仲雲，他也是遭遇不幸者之一。當他的太太回家取東西的時候，在施高塔路口遇著他家的娘姨（女傭）。娘姨說她曾同包車夫回家拿了些重要的東西銀錢，首飾箱，鋪蓋都取出來了。

「沒有鎖鑰怎樣開門的呢？」樊太太問。

「我們用斧把門劈開，箱子也是用斧劈開的。」這是娘姨的答覆。

樊太太毫不遲疑地和她回去取了一口箱子出來，就讓娘姨走了。回家說給仲雲聽，仲雲斷定是受了騙。再去找娘姨，已經沒有了蹤影。晚間我去看仲雲時，他太

太正氣得哭。

　　趙景深家也被搶了。沒了七口箱，只有書籍散得滿地沒有人要。

　　最糟的是傅東華，單只散失了書，因為他把行李搬出來時，有一箱沉沉的書是費了半生精力搜集的英文文學批評的材料，兩個搬運夫抬不動，因此被誤會為是什麼財寶被流氓搶走了。書是文人最寶貴的財產，喪失了書比喪失了什麼還不幸。

　　鄭振鐸的住宅也在危險區域。他的最珍貴的書雖已搬赴北平，而次要的書則全部葬送在灰燼中。

　　任曙在夜間踉蹌地跑來敲門，非常的頹喪地說他的中國經濟研究的材料已全部毀滅。為讀書雜誌寫的一篇文字也在毀滅之中。僅剩得隻身脫險。

　　坐顧書室中的六櫥殘書，不禁喟然！

　　我家十代以來，他無遺產，只有三樓藏書，是最珍貴的東西。就我自己所廉價買得之殿版明版配合之廿四史，自己用了不少的功夫，滿紙丹鉛的貸價，支付過自己幼年的精力。尤可惜的，是曾祖父在史館中留存的殘稿，祖父獨學無偶地研究科學所得的一部分——自得山房算草，這一切與人無忤的東西，一概付之「紅」火！

　　眼前這些殘書，也不知何日在「紅」火與「白」火交攻的時候毀滅！當祖父在日，軍閥戰爭逼近我家門口的時候，村人逃徙已盡，獨我不主張搬家。那時寫過一首小詩：「……身外無長物，即來亦不懼。萬一數卷書，要則持之去！豈此縹緗物，可以飾邱墓？」封建社會，資本主義社會，若干年代累積下來的文化，一切都

在崩潰的途中，我尚何所顧戀於這些烹之不能食，縫之不能衣的書卷！

我們從中國目前各重鬥爭中所獲得的小損失，只有忍受而已！只有忍受而已！

社會民主黨

二月十三日

恐怖構成了陰森的天氣。微雪下個不停，像是給滿街戰區中逃出的難民一種生命的威脅。炮聲打得分外響，每一個人的憤怒的火，隨著每一度炮聲而轟炸。我和鹿及叔舉、子英以靜默的憤怒答覆外面隆隆的炮聲，環坐在火爐旁。

「你又『報上有名』了！」L君闖門而入，打破室中的靜默，隨即遞給我一張報紙。

「我近來在小報上是受夠了攻擊的了。」我毫不措意的接過來看。戰旗報赫然三個大字，一看就知道和紅旗之類是姊妹刊。

「這回卻非同小可。」他靠近來指給我看。在中華蘇維埃臨時政府對時局宣言的大標題之下，罵過了在前敵血戰的將領蔣光鼐、蔡廷鍇和十九路軍的歷史領袖陳銘樞以後，接著就大罵各黨派。在夾注中歷舉了社會民主黨、人權派、國家主義派，而在社會民主黨之上，特冠以「王禮錫」的標幟。「王禮錫的社會民主黨」竟成了中華蘇維埃的第一個標的了。

「他們是屬於一個『國際的黨』，而我是一個無組織的個人——匹夫。以一個國際的黨，傾全力來攻擊一

個匹夫，他們未免太重視我了。」

「這謠言是從何而來的？你為什麼不加以辯解？」
他很關心的問。

「總之，謠言的是否被人相信，不是為著客觀的事
實，而是為著主觀的作用。只要是自己的一夥，事實也
可使信為謠言；不是自己的一夥，謠言也是事實。所
以『辯明』只能使『自己的一夥』相信，而『自己的
一夥』是不必辯明已經相信了。何況我是根本就沒有
『夥』的人？」

「這謠言的第一次發現，是新大陸報。雪峯和許多
人都說新大陸報是某人的 Spy 機關。我們的許多朋友是
不知其為 Spy 機關而不相信；他們的政府則明知其為
Spy 機關而以為根據來攻擊人。所以相信與不相信，是
不在乎辯明與否的。」

「我早主張你不要在文化界活動了。沒有幫口的活
動是吃虧不討好的事。」鹿動氣似的責難我。

「我要怕干涉，神州國光社的許多書早因為政府的
干涉而出不來了，讀書雜誌也編不成了。我是無論那一
面的好都不討的。我是不怕吃虧的。生存一天我就得活
動一天。」其實鹿的話是對的，沒有幫口就沒有力量，
在社會上是要左右碰釘子的。

「我還告訴你一個消息，今天聽說左聯還要給你一
個打擊呢！他們說，在著作者抗日會中，你和望道、存
統、秋原、龔彬太活動了，而且有社會民主主義的傾
向。且先借國光社的罷工事件給你和龔彬、秋原一個打
擊。給中間份子一個榜樣。」

　　L君剛說完，忽然Y君帶著他的無時不緊張的神情來了。

　　「又出了什麼事了嗎？」我笑著問。

　　「我剛從一個『老反』那裡聽來一個消息，千真萬確的。」

　　頓了一下，「他們參加著作者抗日會的人，組織了一個黨團。剛剛討論了關於今天著作者抗日會民眾運動委員會的準備。他們主張對你們要打擊。第一個理由是：我們當前的敵人是社會民主主義的傾向，王某是否有這個組織，我們且不管他，我們把他當做這個傾向的標準打。第二個理由是：幹部派說我們和王某勾結，我們為表示我們的態度起見，應當首先給他們打擊。因為這種關係，今天他們準備在民眾運動會上爭先提出神州國光社的罷工事件。」

　　「那倒不錯，他們為打擊一個傾向，用得著我；為表白自己，也用得著我。我是愛『成人之美』的，成全了人家，自己吃虧是沒有什麼關係的。項羽割下他的頭顱成全他的朋友的升官發財，他的朋友雖然得了實利，項羽到底也是英雄之舉。」

　　Y君還繼續轉述了些會場的情形。「著作者抗日會是社會民主黨領導的，我們應當破壞他。」「秋原在會場太活動了。」只是「破」，想不到一點「立」的工作，誠如此，則真是道地的「取消派」了！這使我很難相信是事實。

　　外面炮聲仍然響得很厲害，憤怒與感傷擒住我的心！著作者抗日會的發起，本來沒有黨派的畛域，想把

各黨派及無黨派的份子，在反日鬥爭的情緒下集中起來，表現一點腦力勞動者所可表現的力量。而他們卻犧牲力量於內部的無聊的衝突，迴避我們當前的民族革命鬥爭。嗚呼，這是革命黨的行徑！

龔彬與秋原來，龔彬也是民眾運動委員之一員。我病著不能去。小鹿不願去。我希望龔彬在會議之前，和他們作一度協商，希望他們不必提出。萬一要提出，就由龔彬說明工潮真相：第一，本會的意義是政治的，而神州工潮完全是經濟的意義，因為他們鬥爭的口號是要求加薪，年關雙薪、增加米貼等等。第二，神州罷工事件，是工人與工運者的對立，這是由於工運者工作的不成熟，而不是資方壓迫工人。因此，即或要援助經濟性的罷工，我們對國光社罷工事件，也無援助理由，第三，就工人這方面看來，神州根本沒有罷工這回事。

龔彬更具體的提出辦法：事前能阻止不提出更好；萬一提出，就一般的提出原則；萬一更要提到國光社的事件，我們就主張提交常會。辦法就這樣決定了。

本來民運會，第一個重要工作是怎樣聯絡上海各團體建立一個民眾反日的總機關，和怎樣援助士兵，而他們故意提出一個反日鬥爭以外的問題來迴避工作，真不知是何居心。

好比追賊，旁人追趕在前面，自己落了後。為著爭功，不上前追賊，而颼的一箭射在追趕在前面的人的背上，於是爭得追賊的領導權了。

民眾運動，說來有些灰心。在江西各地的農民運動建下的基礎，為方志敏所屠殺破壞。在湖北中央農民運

動講習所的農運人材，為毛澤東等誣衊送入牢獄，現在
已所餘無幾。在北方北寧、平綏、津浦北段各路及唐
山、塘沽各廠的工人組織，又為南京中央黨部派人破
壞。因此，才潛心下來做文化運動，而在文化運動中所
得的痛苦的教訓又不少了。反日鬥爭是一次新的教訓。

民族鬥爭高潮中的小鬥爭

二月十四日

　　時報號外的叫賣聲，衝破了我們初醒時的被底的溫
語。接著幾個巨炮的聲響，像快要震倒牆壁的樣子，使
我們豫想今天的戰爭怕要更激烈了。小鹿從被底跳出去
叫娘姨買報紙。

　　時報和申報都繼續的將我軍勝利的高興的消息送到
床上，病勢也為之減退。

　　昨天中心的戰鬥，仍在蘊藻濱一帶。四時半左右，
天將破曉的時候，敵兵在黑橋東偷渡，被我防軍迫退。
六時許，敵軍射放煙幕彈掩護大隊在曹家橋偷渡；那時
因為天氣陰霾，氣壓甚低，又有煙幕彈的掩護，以至
深入不覺。及近我防軍，倉卒猛烈應戰，兩、三小時後
援兵始至，包圍痛擊，酣戰到晚間九時四十分才完全擊
退。敵軍傷亡千餘人。

　　大陸報也說此次是中國軍隊破紀錄的大勝。

　　早餐後，往施伏量家，訪伏量望道。

　　望道原住北四川路，戰起，踉蹌逃出，借住伏量
家。望道家住的是書樓。日文書頗多，共八籚書架，兩
玻璃櫃。大概社會科學書籍佔十分之八九。望道夫婦一

床。地下睡一女孩。我去才忙著疊被，頗狼狽。前天停
戰期內，望道曾遣人回家探視，據說門戶洞開，大概重
要物件已無餘矣。

　　漫談一會以後，轉到昨天著作者抗日會民眾運動委
員會的情況。

　　望道以秘書長的資格，參加了昨天的會議。在會未
開以前，龔彬和雪峯、丁玲曾作過一次私人意見的交
換，同意國光社罷工問題不提出。和反對派的代表也曾
作同樣的商談。

　　會議中途，忽然何畏跑來，為著要爭「打社會民主
黨的領導」起見，慨然陳辭，大罵國光社的應當懲戒。
石凡怕領導權落在□□□手中，於是也接著踴躍發言：
「第一，警告該社，第二，慰問工人，第三交涉……」
公式地提出了許多辦法。後來為著龔彬主張一般的提出
援助罷工，而不單獨注意於某一個事件；望道主張不要
過於取內部鬥爭態度，以致妨礙會務的進行；接著又有
農山主張調查漆淇生對「會的性質」的質問；才把這問
題的嚴重性減輕了。然而這樣一個題外的問題，竟討論
到五個鐘頭之久。

　　此外還討論了經濟的分配，他們主張由經濟委員會
募來的捐，以二分之一援助罷工工人，以十分之一援助
罷反日士兵。由民眾運動委員會募來的捐以三分之二援
助工人，二十分之一援助士兵。他們完全忘記了工作的
重心。

　　某黨在當前有一個最嚴重的錯誤。革命的民族鬥爭
是當前革命的最高潮。站在這個高潮的前面，可以在街

頭號召每一個從未識面之市民。他們偏偏要披上反日的
民族革命鬥爭的外衣，做非當務之急的工人反資本家的
鬥爭運動，鬥爭失墜了重心，於是到處尋些小鬥爭以自
娛或自騙。小鬥爭中，國光社做了一個小箭靶，我們也
成了小箭靶之一。昨天在會場上，雪峯向龔彬說：「聽
說望道、存統組織了一個農工黨。」農山也聽反對派這
樣問過。某刊物說龔彬是工賊。某人說秋原在會場太活
動了，應當給他一個打擊。這些都是他們的箭靶。我想
三個月後，「中華蘇維埃臨時政府宣言」定有許多從他
們腦筋中製造出來的黨派應當列入，不僅是「王禮錫的
社會民主黨」了。

　　望道的意見是：中國現在似乎還只有將要形成社會
民主黨那樣黨派的傾向。反對，似乎只有提出那傾向的
特徵來，對那特徵下批評。

　　從他們「經濟的分配」的主張中，尤其暴露他們工
作的幼稚。第一，他們不懂目前要注重什麼鬥爭才可以
調動群眾；第二，他們的辦法只是機械的把持一切，用
命令行使其一切可以插足的組織，不了解「社會影響」
的重要。影子比實物總要淡些，但是他卻能擴大實物的
面積。若盡量地剝落一切枝葉，則精光的孤桿也終於是
枯死而後已！中國的革命將成功於他們的手裡嗎？

　　列寧雖然主張將普羅文化聯盟歸於國家的指揮，但
還容許綱領的可能的自由。而他們「矇矓」的眼睛望著
遠處成功的標時，就要盡量地指揮一切文化團體與文化
界的個人，而剝奪其自由至於無餘了。我們且以「矇
矓」的眼睛期望著將來的「流放」吧！有一分自由可享

時，且享受夠一分。

晚間仍發冷發熱，像是瘧疾。

大戰前恐怖的靜默

二月十五日

鹿催我看病，去向一個中醫問了藥方，據說是「春溫」，中醫的病名是無法了解的。今天準備試服一劑把自己的生命去碰碰運氣吧！

龔彬與嗣炳來，又是談前天民眾運動委員會的事。龔彬因不同意於他們的辦法，辭了罷工委員會主任職。嗣炳也感到會的變質之無意義；但他熱心地希望這事能得一解決。

周谷城同他的周小姐（不是他的女孩，是他的愛人）來訪，謂廣東中山大學來電促赴職，朋友們本來就窮，戰事起後更窮了，無法籌旅費。我答應他向書局設法。

孫福熙偕他夫人劉雪亞來談：前吳淞要塞司令鄧振銓的確槍斃了。據聞鄧振銓被日本以六十萬買通了，自己躲入租界，還在各報大吹其如何如何勇於拒敵，並不要臉地送自己的像片給各報登載。要不是譚啟秀旅以野炮應戰，吳淞早入日本人手矣。

後來由鄧振銓的該殺，談到張學良的更該殺。某君又連帶談到東北的該殺的許多狗官們的許多醜事。東北失地的消息傳到北平，戢翼翹夫婦大哭，直至聽說財產無恙才又恢復打牌看戲的常態。戢夫人卻因氣得過度而氣瘋了。雖財產無恙，然已不復能恢復其享受之身體

了。張學良則東北雖失，順承王府仍然每晚演戲作樂。為避免民眾的義憤與耳目起見，順承王府前後，掘濠自衛，每晚七時起即行戒嚴，禁止行人通過。這些東西真碎屍不足以蔽其罪也！

今日整天無大炮轟擊聲。到處傳說不一。

今晨住白龍港的日艦七艘，即將向吳淞出動，日陸軍援軍一師團，亦已於昨日開到，一兩日內將有劇戰爆發。日方且將用毒氣彈。這是傳說之一。

政府已下令停戰，蔣、蔡憤而辭職，戰爭今日以後不復繼續，今日是屈服的開始。這是又一傳說。

另一說，則「停戰」「辭職」並無其事。而某某對十九路軍確有「適可而止」之電。所謂適「可」是就地點言，不要打入租界呢？是指時間一定之限度呢？彼來攻而我拒之，這是過去之戰爭情形。所謂「可」，真不知何所指。某某對內則強，對外則只有屈辱，屈辱到無可屈辱，還只有屈辱一途。中國金融資產階級之代表，在民族鬥爭上絕無希望的。

民族戰可以毀滅中國的公債金融資產階級，民族戰可以毀滅中國公債金融資產階級的代表政權，民族戰是一切反革命者的試金石，民族戰可以打斷帝國主義對中國的一切束縛，民族戰是中國目前的唯一出路！

鹿今天病得可憐。

又一個箭靶

二月十六日

午飯後 H 君來。

H說昨天F君找他，談起關於社會民主黨的謠言。

「據我所知確實並無其事。真無聊我亦被捲入謠言的漩渦中了。」H說。

「我也相信是謠言，不過□□野心卻不小。」F說。

「何以見得？」

「前天□的夫人對T說，『他們打算以全副精力應付著作者抗日會，並積極去領導牠』最初在□到沒有什麼，□卻是詭計多端的。兩人合住在一個地方以後，就有鬼了。」

我早料定我們沉默以後，馬上就有第二個箭靶出來。誰不幸走上前一點誰就成了箭靶。

今天我的熱度增高，咳嗽也加劇。鹿憂形於色，強我睡著，並請芳艸找悟淑來看。據說是由氣管炎起，務必靜養幾天，不然，怕有轉肺炎的危險。

一個無力的文件

二月十七日

自昨晚至今晨，有時斷時續的炮聲，大概係威嚇性質無大激戰。

晚報載十六日國聯理事會（除中日以外的十二理事）於十六日下午送一強硬照會與日本政府，內容包含下列數點：一，提醒其所負國聯會章第十款規定之責任；二，理事會不能接受中國目前局勢的已成事實；（東三省在內）三，提醒日本國家地位，既為世界最強大國家之一應以高尚態度，應順全世界之請求，勿在上海及中國其他各地擴大事態；四，照會內尚有一重要聲

明，追述目前美國政府所稱凡以暴力或武力獲得之土地，不能保有一語，聲明理事會現已贊助此項立場。（按此語係在日前美國國務卿史汀生至日政府照會內所聲明，當時意大利及各小國均正式贊成，但英法未表同意，這次由理事會代表各國表示一致贊助。）

　　這個照會，於事實為無濟，於中國為侮辱。第一個「提醒」等於「具文」。會章第十款如果是有效的，日本就不會有此次可恥的侵略。而所謂「提醒」者，不過提醒全世界請看清國聯會章的效力而已！第二個「提醒」無異說在中國「擴大」事態，則是日本態度的不「高尚」，而過去已成的事態，仍無礙於日本最強大國的高尚態度。很明顯的，帝國主義者一方面不願意日本在中國佔更多的利益，但是決不願意中國起來，這個照會的態度，是提醒日本壓迫中國是可以的，但不能侵略過多。

　　這個照會發生的原因，決不是由於英法的最低限度的仁慈與公道。第一是因為中國的抵抗，表示了可以持久的能力，恐擴大事態，必更使這世界的大市場毀壞，增大各帝國主義者的恐慌，第二，英法保留調解中國問題的地位，亦可說是英法與美國爭解決中國問題的領導權。

　　日帝國主義者的經濟政治弱點，早已暴露於世界，所未暴露的，就是軍事的弱點。此次不給中國一個大敗，牠是不肯收場的。一紙照會能發生什麼效力！

　　在滬戰未發生以前，中國人的視線，完全集中於國聯；中國人的感情，完全樞紐於國聯。國聯有一個較好

的決議，大家便笑逐顏開；若有一個壞的消息，從國聯
出來，大家都蹙額愁眉。這是弱國的可憐與可恥的心
理！滬戰發生以後，大家的視線與憂樂都集中在戰地，
都為我們作戰的隊伍所掌握了。像今天傳來的國聯決
議，已經為很多人忽視和鄙棄了。所以這次戰爭的意
義，至少是喚起國民自信心的訓練的一課。

實物與影子

二月十八日

　　真如到滬，派車來接。雖然他數月以來，在政潮的
狂浪中顛播，在軍事的危難中夠受了憂勞，樣子似乎稍
微瘦了些，健談的興致依然是一樣的蓬勃。

　　憬然、建平、澄樞亦在其家。

　　從他們那裡得知戰事的真況。

　　每天報上總有一兩架飛機被打落，七、八輛鐵甲車
被奪取，一兩個軍艦被打沉。統計起來日本已損失六十
幾架飛機；鐵甲車的奪取與炸毀，早已超過現在日軍所
有；軍艦也早打光了。實際飛機只打下五、六架。十五
個士兵奪取四輛鐵甲車也是真的，因為巷戰沒有鐵甲車
迴旋的餘地，向前駛轉不回頭來，就給十五個勇敢的士
兵以手榴彈奪過來。其後雖續有炸毀與奪取，但決沒有
報上傳說的那麼多。至於兵艦，僅僅打沉一艘。

　　他們自己非常誇耀曹家橋的一仗。

　　事實自然遠不如傳說的有味。

　　曹家橋的一仗在傳說上簡直已經神話化了。某一個
小報說：「曹家橋是以二百個敢死隊奪回來的。當挑選

敢死隊時，人人都踴躍自任，但只限二百人，結果是用
抽籤的方法選定。這二百個敢死隊，每人都裹滿了一
身炸彈，結隊向敵人衝去。一和敵人接觸，炸彈一齊爆
發，敵人在駭怪中死傷無數。陣勢一亂就不可收收拾。
大隊後面追踪而來。敵人回頭狂奔不敢接觸，怕再遇見
這樣危險。前有大河，後有追兵，曹家橋的敵兵就這樣
全部覆沒了。」

　　另外一個傳說，是神奇的大刀隊奪回來的。我相信
如果戰爭支持到一年半載，「飛刀殺人」「祭法寶」這
些事，也將流行於傳說中了。

　　事實是這樣。曹家渡本由張炎少數部隊防守，日軍
用煙幕彈作掩護偷渡之後，以多勝少地突然將曹家渡奪
去了。張炎是最勇敢而有思想的一位少年軍官。在他的
防區發生這樣的不幸使他感覺非常的憤怒與不安，於是
與士兵以必死相約，集合他的無多地隊伍，用密集的機
關槍向堅強的敵陣前仆後繼地掃射，卒以半天決死戰，
把曹家渡奪回來。

　　就陣地的工事也不如外間所傳。以下為兩段敵報之
記載：

　　大阪每日新聞載上海青岡特派員專電云：我軍（日
軍）二星期來，飛機大炮，不時轟炸。除民房化為瓦礫
之場外，而敵軍（我軍）仍固守原陣地，繼續抵抗。日
間殆未見敵影，入夜暗襲我陣線，查敵之陣地，依照
近代戰術所築造，係半永久的塹壕，其複雜堅固，恰如
歐洲大戰時德國戰線之塹壕式相同。其第一，第二，第
三，第四等四道防線，有密如網目之坑道聯絡之；構造

之複雜，不易推測，是以雖受大炮炸彈直接轟射仍無大
損失。第一道防線，幅廣六尺，深約六、七尺，上覆以
鐵板與沙袋，防禦方法之堅固，歐美人多驚歎不已。在
防線之地上，祇露出野砲之砲身，上面又遮以堅實之鐵
板，以防飛機之炸彈。此種隱蔽塹壕，有無數之銃眼，
可怕的機關槍銃口，密如蜂巢。尤其對於機關槍之射擊
法，手榴彈之投擲法，步槍之使用法，以及陣地攻守之
作戰術，已全脫化其中國式之戰爭，而為純粹德國式的
精巧戰法，誠為近代戰術之結晶體，而使我軍（日軍）
無法應付矣。

　　日本每日新聞云：近日我軍（日軍）之最右翼下元
師團之將士，從第一線歸，談及中國各地之戰壕，謂係
純粹德國式的建築法，壕深十二尺，幅廣二、三尺，到
處設有階級，左右上下，往來便利，登級可出壕射擊，
下有隱避飛機之深穴。其在中隊或大隊本部之相當地區
掘下極廣的空地，上面密覆厚木鐵板，以便跨渡。上則
堆積約五尺高的土饅頭，且與附近民房間，掘有交通
壕。復在壕上覆有泥沙竹木等物，故我軍空中飛機亦
不能辨其濠溝之所在地。種種設備布置甚為周密，殊
可驚歎！

　　憬然說：「我們不但沒有這樣的人力與財力，就時
間上也不能使我們有這樣充分的準備。我們有的是戰鬥
的經驗與不怕死的民族的義憤而已！」

　　從時間與物力所及來說，戰壕的工事自然做得很
好。十九路軍前年與馮軍打仗的時候，從德國人幫助南
京所築的工事那裡學習了德人的方法，參加本軍歷來作

戰的經驗，就成了現在的新式的輕便易舉的工事。

外間兩個宣傳很盛：一個是神奇的大刀隊，一個是德國的軍事顧問。這兩個宣傳都是失了民族鬥爭的自信力，一則寄託於國粹的神話，一則歸功於外國人。前者在商人間流行得很普遍，後者則正流行於吃洋麵包的士大夫間。其實大刀隊雖然也有，但在新式的槍彈之下，自然只有肉搏時的輔助作用。而德國顧問則絕對沒有。

自己不相信自己的士兵血與肉的功績，而把功績硬派給「神話」與「外國人」，中國真已衰弱到，像一個人在死去活來的時候很難相信自己是在實際的世界中。十九路軍的抗戰雖然將不會得到最後的勝利，但在使中國相信反帝國主義的革命戰並非絕不可能，這一點上已夠有重大的意義了。

在戰爭快要開始以前，霞飛路上的咖啡館中常常聽見外國人的氣人的話，「如果中國軍隊真和日本打起來，自然幾個鐘頭中國軍隊就乾淨了。」現在打了二十天了。不過這些話的可氣，還沒有打了二十天中國人還不相信自己而把功績推與神話與外國人的可氣！

莫京介紹一個法國新聞記者來訪真如。

據法記者說，他到上海五天了，日本方面一天到晚以消息包圍他，而中國方面則費盡了力找不到一個消息的來源。中國的國際宣傳是真不成，一個這樣組織龐大的政府連這樣重要的事都照顧不到，真不知道他們是在做什麼！日本可以把敗仗宣傳做勝仗，中國就勝仗也不能宣傳做勝仗，說來真可氣！

真如對記者有幾句話是很可以說明這戰爭的。

「請問這次戰爭的意義？」記者。

「日本侵略我們，我們就得反抗。意義很簡單：反侵略戰！」

「中國方面，能夠有必勝的把握嗎？」

「我們只知道誰侵略我們，我們就得反抗誰。至於勝敗，我們始終就沒有想到這個問題。」

許欽文家發生的慘殺案

二月十九日

鹿病加重了。但今天著作者抗日會開第二次執行委員會，將提出國光社事件，我又不能不出席說明真相。

我和龔彬、秋原離家時，望著鹿的不可支的病態，和她眼中不願我離開她的神情，真想不去了，但終於帶著懊喪與疲憊走到中社。

到會僅十個人，望道、存統、亞南、馥泉、起予、丁玲、蓬子、嗣炳和我們三人。國際宣傳委員會由我提出戈公振、謝福生參加。編輯委員會由秋原提出歐陽予倩、汪洪法、漆淇生、周憲文和小鹿參加。國光社事件，由我作了一個詳細的說明，會中多數不覺得這是一個什麼嚴重的問題。左聯參加人太少，中途因事退出，這問題就未加討論。

「……也許是許欽文幫同殺的。」在執行委員會未開會前，兩個一群三個一群地聚集著談論，當我走攏望道的一群時，聽見某君說的最後半句話。

「慘殺案發生時，不是許欽文不在家嗎？」另一個問。

「怕不見得。據說劉夢瑩身體很強健。她是湖南人，湖南的女子大概是不弱的。陶煜煊是弱得很，決敵不過姓劉的。」

「這也很有道理。不過劉的姊姊控許、陶夥同謀財害命，我想許欽文決不是這樣的人，大概妒情相殺是對的。陶煜煊的哥哥陶元慶和許欽文頂要好的，死後就將他的妹妹託給欽文。陶、劉兩人大概是同性愛，陶、劉又都愛上了欽文，所以發生這三角妒情相殺的案子。」這是又一個人的敘述。

以後就開會了。關於這慘殺案，在討論抗日工作問題的時候，時常在我的腦子裡浮起些斷續的回想和問題：「許欽文是寫過許多戀愛小說的，似乎有人盛稱他善於描寫青年情感。……陶元慶替魯迅畫過一個苦悶的象徵的封面……情殺？……一個作家謀財害命？……」

歸途上遇見陳子展，他約往看趙景深。我答應他就掉頭向聖母院路走。我默想：景深在戰區逃出，固然應當去慰問慰問，但家中還有病妻呢！腳步隨著心情有些遲疑了。

「你還沒有吃過飯吧？」子展問。

「吃是吃過，不過沒有十分飽，那……你先去一步也好吧。我去吃點飯來。」其實我是惦記著鹿。

「我竟忘戴帽子，我回家戴了帽子來邀你。」子展也回頭走。

樓下客廳冷冷的。

闖進二樓的門，鹿竟睡在床上了。

「更不舒服了嗎？鹿。」

「固然是不舒服，尤其是想你。真不成了，離開三點鐘就耐不住。一個人冷冰冰的在下面給你打圍巾，老等你不回來，自己覺得很可憐的就上來睡覺。」

兩個抱住吻了一會。

子展來了，就同往景深家。

景深借住周樂山的客廳與前樓，我們在很窄小而擁擠的客廳裡談話。

我們的談話，由他家的損失，傅東華大批英文文學書的被搶，鄭振鐸留滬藏書的被焚，談到著作者抗日會，而終於被落到許欽文家的慘殺案。

「你不是和許欽文很熟嗎？」我忽然想起午間聽來的不完全的故事，向景深問。

「前次來上海還在我家吃飯呢！」

「聽說許欽文難看得很，倒鬧出這樣一個風流案。」倒是子展先說到題。

「是的，非常的黑。劉家姊氏得控告書不是說『其貌不揚』嗎？從前在北京的時候，想在女師大找一個愛人，沒有人肯愛他。你就可想見他不是怎樣可吸引女人的了。不過他的筆卻是很文采風流的。」

「到底案情是怎麼一回事，我今天在著作者抗日會聽了個影子，但不明白其中的底細。」我問景深，景深關於這些消息很愛考據的，像他愛考據國外的作家和作品一樣。

「時報和時事新報都登載了這個消息，我找給你看就知道了。」景深隨即上樓把剪下的兩張新聞遞給我。

案中包含了三角式的三個男女：男主角是許欽文，

寫過許多著名的小說的。現在浙江高級中學教書。家住西子湖畔，石塔兒頭，蓮花涼亭二號。

女主角之一是劉夢瑩，案中的死者。西湖藝專雕塑系三年級生。原名劉珍。據子展說是湖南人，曾做過子展的學生。長得很小巧活潑，右目微眇，但不掩其美。

女主角之又一為陶煜煊，案中的兇手。畫家陶元慶之妹。人很粗大，美遜於劉。

許欽文和陶元慶據說是同性愛，陶死，一切後事都交給許。許於其寓所特闢一室，陳列陶生前的作品。陶妹對於其哥哥之死，感觸甚深，當時不知哭泣，過後常赴其哥哥的墓上坐哭竟日或默坐終夜。自然她哥哥的紀念室中常常有她的踪跡。因此，和許欽文的感情很好。有人說同居過，但許自己否認。

劉夢瑩和陶煜煊據說亦是同性愛。常常和陶同赴許家，因此也和許相熟。

上海抗日戰起，劉夢瑩於二月三日離滬赴杭，住欽文家。據說由許的傭女竹姑伴宿。

陶煜煊曾於是時寫信給許表示想赴杭之意，許阻止她，但終於來了，見劉在許家住，於是懷疑許、劉賣了她，陶初來時住在外面，後來也搬入許家，和劉同住。

十一日下午一時許，許欽文因為他的妹子到杭，去江邊迎接。許出門後劉叫竹姑提水洗澡。陶在劉洗澡的時候，叫竹姑去新市場買雪花膏。竹姑回來，敲不開門。恰好許欽文兄妹亦回，也無法開門。只好從後面爬籬笆進去。

美麗的劉姑娘竟穿著浴後的衣服，帶著可怕的滿身

血汙，發現在大門內的草坪中。血跡從浴盆邊一直滴到草坪，在草坪中還有繞場的血跡一圈。陶睡倒在屍旁，氣息僅屬。

屍場上有斷髮一綹，染血木梢一根，屍鞋一雙，染血菜刀一把。屍體刀傷多得可怕，頭頂髮際一刀，額上三刀，深著顱骨，在面頰一刀，下顎底一刀，頸項一刀，胸坎一刀，深見肺葉上端，左臂肘上一刀，肘下一刀，手腕一刀，手背一刀，無名指上直剖一刀，右手手掌一刀，指上橫剖一刀，連破二指。這凶殘的情殺，在刀痕的記載上，已夠令人打顫，不知一個女子是怎樣下手的。

陶煜煊送西湖醫院救醒。手上血跡斑斑，並略受刀傷。她身上穿的黑旗袍更是血跡布滿了。

據陶自己說：「劉洗完澡，給我一杯開水。我喝一口，覺著味苦，就潑了。劉氣了，馬上拿剪子在桌上刺，轉手在喉頭上就是一剪。我把剪子搶了。劉就奔向廚房取了菜刀，一面走，一面向自己頭上劈。我追上去搶她的刀，在院子裡走了一個圈子，劉就在門旁邊倒了下來。那時我亦昏倒了。」依這樣說，是劉夢瑩想毒殺陶，不遂，就憤而自殺。

不過據醫院檢查，陶並沒有服毒。同時就劉的鱗傷遍體看來，決不是自殺。自己不能砍了頭又砍胸，決不能自己砍傷自己拿刀的手。

劉夢瑩的姊姊卻把許欽文拉上一個謀財害命的罪名，這是無法使人相信的。劉姊訴狀雖係一面之辭，亦粘留之，以存一時之故實。

　　劉姊訴狀：告訴人劉慶珩，二十三歲，湖南人，假住所，杭州市下板兒巷。三十四號，學界。被告人陶煜煊，二十二歲，紹興人，住石塔兒頭蓮花涼亭二號門牌。許欽文，三十六歲，住所同陶。為殘殺斃命案，經檢驗偵訊，適合輿論實情，顯出預謀，悲情訴辯，藉雪慘冤事。竊胞妹劉夢瑩，年二十歲，於西湖藝專肄業，寒假住滬，補習法文。滬事突變，仍回杭地。孤身女流，痛遭慘殺。良因夢瑩年輕，賦心坦白，昧於知人，隨身帶有興業銀行存摺一個，上海中國銀行存摺及交通銀行存摺各一個（數目查明另報），及現鈔飾物，衣服箱篋等。此次回杭，仍寄宿同學女友陶煜煊之戀人許欽文處，於本月四日曾致信告訴人，邀告訴人來杭。以彼時日艦炮轟京都，告訴人旅京，渠甚罣念，該信於本月十一日始接到。告訴人於十二日乘京杭汽車到杭，先往下板兒巷探友，待見杭州民國日報藝專學生自殺新聞，驚駭幾暈。繼念胞妹夢瑩，處境向優，見地曠達，絕無自殺原因與思想。報載自殺，決非事實。次日復觀各報，登載此事，輿論一致，亦無自殺之情節。該被告雖飾稱自殺，無非希圖置身事外，避免自己罪責。幃燈匣劍，欲蓋彌彰，諒蒙鈞處所洞鑒。第就事實觀察，加害人預謀殺害滅口，第一有侵佔財物嫌疑，苟許欽文不將劉夢瑩生前所有在寓財物交出，必屬共同謀財害命，若能將其遺物一一交清，始為出諸妒情誤會之原因。然其殘殺之預謀，許欽文雖稱並未在場，而事出偏面，本難遽信。況許、陶二人，久已同住一室，許且資助陶之學費，情感自是濃厚，寧有此種事故不先事密商之理。並

查許欽文是日接妹已到，又即走出，其妹亦與徐姓女傭走出，蛛絲馬跡，西洋鏡不啻揭穿。共為同謀殺人，蓋可論定。該許欽文自應構成刑法第二百八十八條罪刑。致陶煜煊之預謀殺人，尤其有成算在胸之顯著，於陳姓女提水至盆，劉夢瑩入浴之後，即遣該女傭出外買物，蓋以其時，許欽文既出，其妹與徐姓女傭亦出，正是共同計劃所定，擔任實施進行之時，乃緊閉門戶，乘其不備，迅下毒手，用刀亂劈亂砍，追逐趕殺，加劉夢瑩以多數刀傷。檢驗所報告，有劈去頭頸，及髮，壁間兩手指掌，皆非自己所能為者，及加以致命傷，以致立刻斃命。殘忍已達極點。事後又驗明陶煜煊之衣上手上，皆染鮮血，此其預謀殺人行為與結果，十足完備。縱事後服毒圖盡，無非畏罪，況所服之毒，輕而易愈，不過預備偽稱共同自殺而已。該陶煜煊自應構成刑法第八十四條罪刑。總之，亡妹劉夢瑩之死，係出被殺，固無問題。殺人者死，亦無疑義。不過被殺原因，報載或認為三角戀愛，但亡妹年才二十，素來自視不菲，志向高傲，決無與陶煜煊競爭一貌既不揚年事已長（相去十六年）之許欽文。按諸情節，或出於陶煜煊一方之誤會。報又載許言，此次禍因，實由劉先到我處，而我無信給陶之故，則許既明知陶對許有所誤會，應對陶急加解釋，乃自己常常出外，任聽陶之積疑成仇，釀成慘案，亦不能免刑事責任。況有難保不與陶煜煊有密謀，竟因侵佔亡妹財物，設計致死滅口，託言自殺，並偽飾共同自殺，以欺社會。綜上各情，理合具狀告訴，請求鈞處鑒核。依法將陶、許二人，分別徹辦，並將被佔據之存

摺三扣，連同現洋飾物，衣服箱篋等，一併究還結領，以伸法紀，以雪慘冤，存沒均感！謹呈杭縣地方法院檢察處，十五日，劉慶玗呈。

反日戰與上海金融資產階級

二月二十日

著作者抗日會宣傳部在存統家開第一次部務會議，會畢，隨便談論戰事的消息。

「據銀行界傳出的極可靠的消息，他們決定不將所募得的款直接給十九路軍，他們以馬占山為先例，怕給了錢不打仗時太不值得。」望道說。

「不管十九路軍將來怎樣，至少現在總在抵抗中；上海金融資產階級從來就沒有主張抵抗過呢！」存統從笑容帶點氣憤。存統說話時，很斬截，笑容總是常掛在臉上的。

「上海金融資產階級從來就沒有主張抵抗過，並且從來就反對抵抗。在戰爭開始時，銀行界中人曾經這樣說過：『他媽的，他們要打，頂好退到真茹好好的打一仗嘍，為什麼在上海打？』這很顯明的，只要不妨礙他營業的安全，打仗是沒有什麼大關係。所以內戰他們並不堅決反對，而在上海同外國人打，他們是反對的。因此，在反帝國主義的抗爭，中國的公債金融資產階級是澈頭澈尾的反革命者。」這是我的意見。

「他們主張把募集的款交給市民維持會。」望道補充這個消息。

市民維持會是上海金融資產階級組織的。

「他們主張把款交給市民維持會，自然是將來作維持公債用的。『維持金融』，他們會有很堂皇的理由。」我說。

「中國的資產階級是最沒有出息的，他們並不用他們的資本於發展產業，只用之於公債與地皮。所以中國到底不像是資本主義社會。」鄭伯奇說話常帶著誠懇的研究態度。

「我以為這不是為否認『中國是資本主義社會』的根據，同時這些帶買辦性的金融資產階級，的確在中國社會佔了支配的地位。在我意思是：『現在中國是半殖民地性的資本主義社會。』金融資產階級的買辦性，投機性；民族資產階級發展之濡滯；（但不是不發展）小地主剝削之嚴重；農村破產，失業農民的流寇化；城市工人力量之薄弱，這都是半殖民地的特殊性。」我說

「這又可以做中國社會史論戰的材料了。」存統引得大家都笑了。

「他們不但反對打仗，並且他們願意把閘北擴充租界，聽說他們正在做地皮的投機，閘北成為租界，地皮自然漲價。」秋原說。

「對拉！這正是半殖民地性的金融資產階級的特質，質言之，『反動』就是他們的特質。政府的基礎，如果建築在他們的身上，中國是不會由他們開闢得前途出來的。」我補充我的意見。

昨天我國政府拒絕了日軍植田司令的通牒，大戰當開始了。

夜九時左右，炮聲隆隆發巨響。上曬台眺望，閘北

方面，隨著每一聲炮響，有一瞬火的閃光。牆壁都震動，像在地震的時候。

我和鹿、叔舉、子英圍火爐坐。

「我很難過得很！」小鹿說。

「我也難過。」叔舉望望小鹿，望望我。

子英靠著椅背搖動，默不作聲。他是一個可憐的沒有出過遠門，沒有經歷過事變的孩子，一到上海，就遇著這樣驚人的一個歷史上罕有的事件，所以他在這驚異、憤怒、恐怖、煩惱之下沉默了。

「我也悶也慌，像巨石壓住了頭壓住了胸口一般。」我說。

「我們也去參加打罷，管他，打死就算了，痛快些！」鹿悶了就老是這樣說說痛快話洩洩氣。

「我們去抵炮灰都不成。」叔舉吁一口氣。

「我們既沒有槍，又沒有錢，又沒有權，我們是什麼都沒有用的東西！我們的煩惱就在此。我們的煩惱是『無用』，同時我們也不能免去這『無用』的煩惱。總之，這個世界不是我們的，我們要我們自己的世界，我們要在煩惱中打出去！」這是我的結（論）。

大家都沉寂了，靜聽著隆隆的炮聲。

大家都玄想著一切：戰時的恐怖，戰勝的愉快，戰敗的恥辱，以及久戰的紊亂恐怖的社會，飢民像怒獸一般的在街上狂奔，洪水一般地向帝國主義者所統治著的秩序衝滾。我們也參加其中。那時我們就不僅是無用的煩惱了。我們有力！我們有行動！在這默像中，各人的心都像是一顆未開花的巨彈。

今晚是舊曆元宵，大炮代替了爆竹。

許欽文辯訴

二月二十一日

昨晚睡遲了，鹿整天不舒服，叔舉也病了。

真糟，萬國體育場被奪去了！今天為要奪回體育場，在血戰中。

午間到十九路後方辦事處，得到前方消息，擊落敵飛機一架。

時報號外又記載許欽文家慘殺案消息。有許欽文辯訴狀及劉姊控文。劉姊一口咬定許是謀財害命，其實這不是聰明的辦法，很難使人相信的。

許欽文刑事辯訴狀：為無辜被押，狀請釋放事。竊欽文自束髮受書，粗知義理，硜硜自守，從無非分，近以硯田所入，於西湖蓮花涼亭築室數椽，教授之暇，著書自娛。緣有故有陶元慶者，與欽文為總角之友，及長更聲氣相投，情同膠漆。其妹陶煜煊，亦素相識也。不幸元慶於昔年病故，欽文悼痛之餘，如傷手足，為治喪營墳墓，並於屋內另闢一室，將其藝術作品，搜羅陳列，以誌永久紀念。後陶煜煊肄業本市藝術學院，因其兄遺物，多由欽文保管，每於星期例假，常與其同學劉夢瑩，過欽文之家，瞻拜遺像，撫視遺物。有時並與欽文作學問上之探討。陶來則劉與俱來，陶去則劉與俱去。而欽文因與元慶既為莫逆之交，故視陶猶妹，視劉猶妹之友也。平時頗以長輩自居。且年事已長，性好獨居，從未與陶劉二女士嬉笑。若謂劉之慘殺，陶之服

毒，係因與欽文作三角之戀愛而釀成，則陶故尚在人間，可以嚴加鞫訊。獨恐劉女士死且不瞑其目，而欽文枉作名教之罪人矣。本月十一日下午一時，欽文赴江干迎妹歸來，惟見前門緊閉，傭人站立門外，敲門不應，涉水過溪，由後門入內，即見劉夢瑩死於草地上，陶煜煊倒臥於屍身之旁。驚駭慘痛，不堪言狀。至劉夢瑩如何被殺，陶煜煊如何服毒，欽文如入五里霧中，無從懸揣。非求鈞院澈底查究，不足以伸雪奇冤。惟欽文不過為寓客之東，究非殺人之犯，久羈囹圄，深滋疑惑。迫得請求鈞處迅即提案保釋，俾出而調查真相，隨時報明，亦足為偵查之助云。

　　劉慶珩續訴：刑事告訴劉慶珩，被告人陶煜煊，許欽文，在案。為劉夢瑩被殺一案，續訴補申情節，請求察究，以期盡法懲兇事。竊告訴人，因親妹劉夢瑩，慘死許家，其財物被許欽文家侵佔，致屍身由地保領取，救濟院棺材收拾暴露，尤為痛心。故先狀請覆殮，並求同時覆驗，業蒙准許，並取得被告人之同意。於十六日下午，特派警長在場監殮，由法醫楊士達君，再加非正式之檢驗。到場共見者，略如國民新聞、浙江商報。所派人數眾多，俱抱憤慨。茲以前狀關於案中情節，實有補行申明之必要者，特續訴如下：（一）告訴人到杭約已兩次到許宅，念慘殺時，前後門皆閉，許欽文如何進去。報載陳女士云，許繞後門，大呼密司陶。不應。許自謂涉水踰牆而入。然以許之鞋襪，不因涉水而濕，加以脫換。又關心觀望，圍牆之土，並無足爬痕跡，是許所稱由牆翻入，確係虛詞，則許外歸之言，殊難取信。

此固應申明請求詳加偵訊者一。（二）死者之傷，民國日報載共有刀傷十六處，左臂肘部，撞傷痕一處。十六日覆驗，僉見所傷與報載未符，並發現兩肩有兩手扳傷痕，顯有一人在後扳倒，劉遂被擒壓，不能轉動。又一人用刀在旁，向其面部及頸，加以致命傷，故其刀痕，皆係橫砍，是陶擔任實施殺人時，許有幫助完成之情勢。蓋當時劉趨之門邊，拔閂圖逸，出門外，他人聞救，大事盡去，真有一髮千鈞之急，許乃不得不出手擒住，而陶得橫加刀砍，此更應申請詳加偵訊者二。基上續訴二端，陶煜煊預謀殺人，許欽文同謀殺人，犯意聯絡委有因果關連之情節。且思陶六日七日，不在許處，而八日復歸來。許則日日出外，安知不約在外面一處同意，許、劉互相推定擔任。故一計不遂（查陶曾勸劉，同遊紹興，劉候其姊來。）復行二計。一刀砍死，預定卸罪方法，假名自殺。並偽飾共同自殺，無非使許僅負屋主人責任，不難設法避免。劉女杭無親戚，在報紙上捏造原因，冤為自殺。際此日本戰亂，交通阻斷，家屬遠在湖南，誰來冒險收拾。自此後，一可增加二人親密情感，更可獲得劉女遺存財物。據本日上海高良玉函告，所存中國銀行活期內之款，夢瑩已取出洋五百元，赴杭時帶來，毒心設計，誠已謀議周詳。今告訴人，突來杭地。奔走呼號，而報界亦另有主張公道者。事機擴大，刑罪難逃。當亦非陶、許二人所及料。告訴人有所感觸補行聲明，請求俯照刑法第二百八十四條，並依照同謀犯罪而又實施者，共為共同正犯，對陶煜煊、許欽文，一並提起公訴，侵佔財物俱發罪，連同公訴，盡法

懲凶，實為公德兩便。

一個朋友的失蹤

二月二十二日

　　這二十幾天以來，有一個很顯著的變化，就是平日充滿了電影、舞場、化妝品、香煙，六〇六之類的廣告的報紙，現在是充滿了「尋人」的廣告了。這些尋人的廣告之中，我也曾經登出一個：張雲伏、鄭蘭積二兄鑒：你們若已脫險，盼來甘世東路三德坊六號一晤。錫啓。

　　許多有失蹤的嫌疑的朋友在戰事爆發十天之後，大概都見著了。只有住在施高塔路的雲伏，和住在永安里的蘭積沒有消息，所以在十日後才登出這樣兩行廣告。後來在一個反日的刊物上看見雲伏的名字，知道他已脫了險，而蘭積則一直到現在無消息。

　　今天我出去得很早，回來時桌上有一張字，是蘭積的朋友黃鬍子留的，也說是來探訪蘭積的事，並說午飯時再來。因此，我就在家裡等著。

　　經過黃鬍子的敘述，我才知道蘭積的失蹤是怎樣光榮崇高的一個故事。

　　打仗的第二天，蘭積就已脫險了。和鬍子同住在東亞。

　　「還有一個朋友，我得回北四川路去救他。」蘭積忽然很倉皇的拿帽子就要走。

　　「為什麼要去冒這個險？」鬍子問。

　　「他是不懂日語的，一定無法可以出來，我不去救

他，他是沒有希望出來的。」

「這不是從虎口裡出來，再送進虎口嗎？」

「我必得再從虎口裡把那個朋友拉出來。」

「那我也同去好了。」鬍子跟著出去。

到了日軍警戒區域，搜查得很嚴，不似出來時候那樣容易。

他們好容易過了三個關口，才走了一兩百步路，蘭積把身上所有的東西都拿出來，信件、碎紙、小刀子，乃至於錶，都交給鬍子。

「我身上什麼也沒有，省得搜查麻煩。你回去吧，等我回東亞吃晚飯。」說著，就一個人倉皇地往前跑。

晚飯他沒有回來吃。

次日，他去尋的朋友出來了，但沒有看見他。一直到現在十幾天沒有消息。

「他身上的東西自己都搜光了，有什麼招他們疑呢？」我覺得他沒有可死之道。

「現在不像戰事初起的時候，當初他們誇口四個鐘頭可以完全佔領上海，看見搬家的人只是報之以嗤笑，覺得這些人是太無見識。自從那天晚上吃了一個敗仗，憤怒與恐慌使他們變成瘋狗。他們什麼人都抓。像智識份子模樣的人，就無疑的是偵探，是學生便衣隊，馬上用重刑，或者用刺刀刺死。很少很少可以脫逃的。像勞動者的人，就抓去做搬運夫，搬運戰死或在醫院裡死去的兵士。一個人搬過兩三次就一刀送他的命。他們在前敵吃的敗仗，靠捉後方的徒手中國民眾來出氣。什麼文明，什麼公道固然是笑話，就他們的所謂大和魂的武士

道精神也丟臉無餘！」

蘭積真是很少希望了，我想，他是智識份子，又和十九路軍——他們的勁敵是同鄉，廣東口音在許多浪人支那通是聽得出來的。許多各種各樣的日兵慘殺華人的圖畫展開在我的眼前：「一群人綑在一塊，用機關槍掃，每一個人全身都成了蜂巢……幾個日兵對面站著，把徒手民眾的俘虜放在中間，兩邊的兵像打球似的動作起來，左面的把槍挑起拋在右面，右面的又拋向左面，直到全身沒有一塊好肉為止。……」這些從傳說中得來的日兵殘酷的圖畫一幅幅展開在眼前。

可憐，一個勇於為朋友而冒險的人恐怕在這許多殘酷的方式之一種下被犧牲了。

蘭積是朋友中一個認真做人的人。

有一個秋天，我住在廣州一個花園裡，火似的紅花與大葉，釀成滿園的悶熱。那裡每天早上必有蘭積的蹤跡。

「你說愛有沒有條件？」有一個早上他像不好意思似的提出這個問題。我以為他除了持著一把火似的熱情在青年中在工人中奔跑以外，什麼也不知道。自然更想不到他對於戀愛問題會發生興趣。所以在他提出這問題時倒使我怔住了一會。

第二天他來得更早，又提出這個問題。我知道關於他有點事情在發生了。

「是不是你有了愛人了？」我笑著問。

「不，不，我是正在找，愛人是沒有；女朋友倒有一個。」

「本來『愛』就是『友誼』加『情慾』，既然有了『友誼』，加上關於『情慾』的追求不就成了『愛』嗎？」

「不，不，沒有情慾的追求。不過友誼深一點而已。」他似乎發急的在辯，接著微笑掛在頤間。

「兩個未婚的男女，年齡又相等，友誼發生得深些，那有不愛上的道理。」無論一個男子或一個女子平素不愛談這些，忽然愛談起來，必然是有怪的。因此，我已經肯定他們的關係了。

「幾時我介紹給你談談。」

「好的，我可以把我的初見的印象供給你，也許可以做你的『條件』的旁徵博引的材料。」

第二天在一個喫茶的地方他把那女的介紹給我見面。年紀很青，矮小而微黑，說的一口很好的北京話，全不像廣東式的官話。活潑極了，真像一個小麻雀，喫茶的時候蘭積常以眼睛望我，一方面似乎表示得了愛人的高興，一方面似乎要求我多注意她一點好供給他的資料。其實我是懂得這些，一個男人有了一個女人，或一個女人有了一個男人時，總希望時常能有機會談到。若談話時，完全不談到他或她的愛人，就像沒有作料的菜，淡而寡味。他的要求我對他愛人的注意，也不過想將來我們談話時多有些關於她的談資可以過癮而已。

這是他沉醉於愛的中心時期。

在日本他又變成一個勤苦的學生。

有一次他來帝大病院看我。

「時間真分配不過來，所以幾天沒有來看你。」

「你忙嗎？」

「我日間學日文，每天六點鐘。夜晚補習兩點鐘英文。專是上課就得八點鐘。其餘的時間練習功課以外，還得讀點書，現在正讀河上肇的經濟學大綱。」

我和鹿在代代木上原組織的一個小家，有一天他很慌張的來臨。

「鄭樣，你瘦了！」我們望著他頗為驚異。

「瘦了？不要緊。不過我現在看日文書比看中文書的速率快了。」

「但也不要太苦了，身體弄壞了是不成的。」鹿勸他。

「不要緊，瘦了，將來養養就好了。日文的構造是比中國科學些，初看不慣；現在熟了。」

「你簡直像書獸子了。」鹿把頭埋在手掌裡笑。

「能做書獸倒快活，但是偏有些不如意的事來擾亂我。」

「什麼事？」

「她不愛我了。」

「為什麼？」

「我要她來日本她不來！」他握著拳敲敲他自己的頭。

「不來就是不愛？那有這樣簡單，也許她有旁的麻煩啦。」

「她完全不體諒我，我讀書的時間還分配不來，那有這多時間來猜她的心事呢！」

這是他以讀書為中心的時期，他沉醉於讀書和他沉

醉於愛是一樣。

　　回到上海，他更瘦了，長而亂的頭髮堆在頭上。

　　他為要寫一部研究日本的書，五塊錢一月租一個小亭子間，整天整晚埋頭在寫東西。一天出來吃兩頓飯，有時寫得丟不下就吃一頓。一個朋友也不找。

　　在國光社他看見我一次，我找過他一次，除了談他的書以外，還談到他的愛人。

　　「我們間的誤會早解除了，只是沒有工夫通信，我想節省寫情書的時間早點完成這部書，書寫完了再回去結婚。」

　　這是他的寫文章中心時期，這時期中他對於寫文章的興趣，也似戀愛一般的濃郁。

　　他是一個認真做人的人，無論在那一段生活中，他都有一段中心的沉醉，他是有充溢的生命力的人！

　　他充滿著生命力，挾著崇高的友誼，冒險重入虎狼之區，為日軍的殘暴所犧牲了。

　　他的倉皇而專一的影子，和他的孤獨無依的小愛人，以及日兵的慘酷，時常縈迴於我的腦中，使我感到無限的淒涼與憤怒！

以血換來的教訓

二月二十三日

　　C君從火線上來談起許多關於義勇軍的故事：

　　戰事初起的時候，復旦大學義勇軍很堅決地要求翁兆垣旅長要去前線效死。

　　「你們是國家最精粹的份子，我不願意把你們送上

前線去犧牲。」翁旅長說。

「如果不上前線去犧牲，就算不得國家的精粹份子了！我們堅決的要求旅長給一條光榮的死路！」

「並且打仗是要經驗的，有『死』的決心不一定就能『打仗』，我勸你們還是在後方擔任些別的工作。」

「不，旅長如果不給我們去，我們就自己衝上火線。」

翁旅長實在感於他們的熱誠，不好大使他們掃興，於是派給了他們一個小口子，除步槍以外，還給了一架機關槍。

「希望你們沉著一點，敵人不攻，不要輕動，敵人來攻的時候，就堅強抵抗。」

他們歡天喜地的走了。

本來那個口子是一個最不重要而沒有被日兵攻過的。平常一排人把守的地方，現在派足了六、七十個人。

第一天沒有事，增加了戰壕中學生兵的勇氣，同時增加了他們的悶氣，覺得他們沒有殺敵的機會。第二日日兵向這口子進攻了，一陣陣的槍彈在他們頂上飛過，他們像在學校裡讀西線無戰事一樣，嘗著了濃郁而新鮮的味口，同時死的光在他們目前閃耀。死，他們是不怕的，但是他們沒有戰場的經驗，一聽了鎗聲就麻木得癱軟起來，初上前線誰都是這樣的。

戰壕中的學生兵的鎗口也射出一陣陣的濃煙，他們不怕的，他們真是堅強的在抵抗。但是，敵方的鎗彈一步步逼緊，而這方面的鎗法越來越亂了。在十分危急的時候，救星到了。

　　這是翁旅長的周到，當義勇軍歡天喜地的受命前去之後，祕密地派一排人埋伏在義勇軍的附近。並且諄諄的囑咐：「他們是沒有作戰的經驗，同時也沒有作戰的義務的，對他們要客氣一點，看他們守不住時，就請他們休息，說他們不能打是會不服的。」在義勇軍十分危急之際，他們就這樣很客氣的去換防了。

　　以後復旦義勇軍就在後方工作。

　　馮庸大學義勇軍也是很可欽佩的。

　　他們很辛苦的抱著滿腔的熱情遠來。他們到洛陽去請求發鎗，洛陽要他們向南京找何應欽領，何應欽又說南京沒有鎗彈存儲，要他們到上海兵工廠領。結果是背大刀上陣後來才由十九路軍盡可能的配給了一些鎗枝。

　　工人義勇軍更非常得力，他們時常在日軍的陣地發一兩響鎗聲或拋擲一兩顆炸彈，使得敵人非常地著慌可惜他們散漫沒有組織，不能在這次反日戰中盡量地發生他們的效能。

　　今天很高興地從 C 君處知道許多義勇軍在前方效力的情形，許多優點和缺點都隱隱從他的談話中暴露。大概工人和學生是最可敬的。頂不成的就是乘機而起的流氓集團。他們很少是挾著義憤而來的，他們是想乘時投機，將來造成一個正式軍隊，來在民眾的剝削上分肥。他們在前線表現得非常壞。至於學生義勇軍也有些不十分好的表現，好像時常和副官處吵架說他們招待得不周到，住的不好，東西不好吃，有時發發在家庭裡面的公子哥兒的脾氣，但這是很小的缺點，他們的勇敢終於是可敬的。

　　而這次義勇軍的不能有多大的成績，其缺點不在義勇軍自己，而在這一次戰爭的無組織。本來，這是一個自發的抗戰，以一個積弱國的孤軍，抵抗一個世界頭等強國的傾國之師，這孤軍的將領以全力對付前方作戰的一切計劃和指揮還怕不夠，那裡還有餘力來顧及民眾的組織。政府呢，牠是和這個戰爭脫了線的，不但脫線而且向後拉，自然更不能希望牠對於民眾武力組織注點意。因此，這磅礴的民眾偉力的起來，就像石投大海一般地消失了。

　　上海戰爭中的工人、學生、義勇軍和東北的農民義勇軍遙遙相對。不管他們的將來成績怎樣，在他們和所謂國家的正式軍隊的對比中，表示有職業的民眾武力是勇敢的，不怕死的，軍閥的軍隊是怯弱的，是只能用來威嚇民眾而不能保國衛民的。他們佔據了許多民眾的膏血，所換來的槍彈在後方包煙庇賭，剝削民眾而不肯上前敵替國家爭存亡。我們民眾要自己組織起來，奪取這些軍閥們的槍彈，我們要我們自己的武力，我們要自己保衛自己，這些軍閥是不能保衛我們的，而且是對內剝削對外不抵抗的，我們從這一次戰爭中，應當接受這個有價值的以血換來的教訓。

李季尚在人間

二月二十五日

　　書房門突然被推開，驚悉李季尚在人間。

　　「幾乎沒有命了！」季子在握過手以後劈頭就來這險語。

「全家都逃脫了嗎？」

「話說來很長：

「在我斷定，仗是絕對打不起來的。」

「二十九日許多人都搬東西去，我覺得是『庸人自擾』，絕對不搬，到了二日，整個里內都搬空了。許多日本人戴著波斯帽，披著大衣，口裡還銜一支雪茄，背了鋤頭在挖地布鐵絲網。娘姨從菜市歸來說菜也沒有賣了，路上檢查很嚴，幾乎被抓去了。我才著急走。臨走時忽然想起幾年前在日本病院養病時結帳的單據帶著也許有用，就揣在懷裡。路上幾乎是五步一問，十步一搜，幸虧是病院單據給我免了許多盤問。到最後一關查出這是幾年前的東西，這可糟了，我夫婦全身脫了衣服，搜什麼地方都搜遍了，幸而沒有一點可疑的東西。才算逃出了這條命。不過帽子以及放在車篷後面的東西是全被搶去了。」

本來這一次戰爭，在稍有眼光的人看來是絕對打不起來。政府對日本一切的屈辱條件都接收了，而且用特別迅速的手段解決了抗日救國會，日本就更進一步，中國政府也無疑問的屈辱地接受。那知竟在意料之外打起來了。許多有思想的人在這「意外」的戰爭中遭了險，李季就幾乎被「意外」犧牲了。

殘酷的藝術品

二月二十六日

炮聲打得人心亂，家裡獃不住，鹿提議出去看看，我也同意。

其實街上一點什麼也看不出來，人還是熙熙攘攘的往來。外國女人還是貼著外國男人的肩興致蓬勃地說笑，有時還帶一條獅子狗在柏油路上驕傲地扭動其全身曲線散著步。汽車也並不比平常減少，坐在汽車裡面的外國或中國富人，依然寶貴他們的時間，甚於寶貴步行者的生命，開滿牠們的速率在擁擠的行人中衝著駛去。炮聲也許打不進他們的耳朵裡，昨晚在晒樓上望閘北的大火的時候，也許他們正在燈紅酒綠中消遣他們的及時行樂的生命。

炮聲越延長，恐怖卻漸漸的消失了，大家是已慣於炮聲了。當第一個炸彈落在閘北的時候，恐怖是汲汲不可終口抓住了整個上海。似乎戰爭延長到一個月，商店要罷市到糧食斷絕。工人會以罷工的武器表示他們的力量，全市陷於燈火熄滅自來水斷絕的黑暗與恐怖中，暴動必然會發生。到處可遇見殺人放火的事。現在反而是安定了。十幾分鐘電車所可達到的地方陷於密雨似的炮彈中，而托庇於歐美洋大人的勢力下的人們，淡然像隔岸觀火似的不甚關心。

本來，上海是國際的市場，國際的衝突，演成上海的衝突，國際的秩序維持上海的秩序。

所謂秩序者，就是把髒的東西，醜的東西，掩蓋在血肉所織成的錦幕下。有膽量揭開錦幕，則呈露於我們的眼前者，將是秩序的另一面。數千萬失業的工人，毀家的災民，無數斷手斷足穿腦洞胸的死傷的士兵，不是金迷紙醉的上海表露著慘酷的另一面嗎？

當我們走到福煦路時，迎面來了一隊英國兵。

「他們的靴子亮亮的，比我們的好多了。」鹿大概因為身材矮小些，一眼就望見他們的靴子。

「他們什麼不比我們好？靴子，衣服，就臉上的血也比我們多。」

「這些少爺兵能打仗嗎？」鹿懷疑著。

「一粒子彈在這些長得鮮紅的臉上溜過，固然是大煞風景。就洞穿了一隻靴子也就夠可惜了。」

「這僅是現在所謂文明國家的一種裝飾品而已！換言之，也就是供人玩賞的一種藝術品。」

「還不如這樣說，」我在鹿的話裡面，發現了更深一層的意義：「一切階級的藝術都是鬥爭的藝術。裝成藝術品一般的軍隊固然很顯然地包含著鬥爭的目的，其他的一切又何嘗不是？虹口大旅館的大建築上不是裝置了大炮嗎？日本的電影不是天天在表演他們的所謂武士道的殘酷的精神嗎？乃至於日本的文字與圖畫在現在不正忙著供應日本侵略中國的各種宣傳的驅遣嗎？在有階級的社會，一切藝術都是鬥爭的，一切文化都是鬥爭的。

「同時，在現代一切國家的建設都是階級的建設，一切階級的建設，都是戰時的準備。日本平時的一而再的屬行緊縮政策，戰時一個月就可以增加幾千萬。所以平時的緊縮就為戰時的需要。平時獎勵人民生殖的增加，以及對生命的各種衛攝與保障，到戰時就毫無顧惜地成千成萬的送去擋炮灰。所以平時的愛惜，就為著戰時的犧牲；平時的屯積，就為著戰時糧食；乃至於平時的建築也是用來做戰時的障礙與憑藉的。」

漫步歸來時，電燈光替代了日光的統治。各種顏色的燈光在柏油路上蕩漾著美麗的幻影。現代文化的幻影正站在這些美麗的幻影後面猙視著虛偽的光。

轟！轟！一陣可怕的聲音仍隨著晚風吹到甘世東路的一個小樓中幾個無可奈何的人的心上，心碎了，依然是無可奈何！望著朦朧的遠景，深深地嘆息。

過高調與過低調

二月二十七日

今天著作者抗日會的執行員委會很顯然是坍台的樣子。

到會的人已夠法定人數了，只是某方面的幾個人一致沒有出席。

「開會呢？還是等一等？」

「等得實在太久了！」

「難道我們為三個人擱延工作嗎？」

「本來依普通的會議程序說來，我們是可以開會了。不過我們是期望在反日的共同目的下聯合戰線可以建立，某一方面都不來也不好的。」

「那就等吧！」

再等一會，依然沒有人來，於是開會了。

「先報告民眾委員會一個決議：他們決議警告執行委員會怠工。這個決議就是指經濟分配這些提議執委會沒有接受而言。」

「本來他們的調子太高了，現在是士兵以血與肉在和日帝國主義的武力拼命的時候，而我們的會的名義也

標明是『抗日』，顧名思義，我們的經濟應當全用在抗日上才對，為什麼要把大多數的經濟分配到援助罷工上。而以極少數中的極少數來援助前敵士兵呢？這樣高調實在行不通的。」

「那裡是高調，簡直是不明工作的輕重緩急。現在就工人也還很熱心地掏出血汗錢來援助士兵呢！」

「那高調簡直高過於抗日之外去了！」

「他們對執委會還有一個指摘呢。他們認為執委要發出的告前敵士兵書是捧十九路軍。」

「這還是他們中的一個提議的呢！」

「老實說十九路軍這樣英勇的在前敵作戰也應該捧捧的。」

「我想著作者這個聯合戰線是無法維持的了。」

「這未免給人笑話。」

就這樣零星的議論吵下去結束了這個會。散會後還三人一群四人一群爭吵著這工作繼續下去與否的問題。

下午開國際宣傳委員會。幾個宣言草成了二篇：一個是鄭伯奇起草的致全世界著作者及文化團體書，一個是施伏量起草的致全世界被壓迫民眾書。致全世界著作者及文化團體書無異議通過了，接著討論了些技術問題，分配給各委員譯成英、法、德、日、俄、世界語各種文字。

討論致全世界被壓迫民眾書就有不同的意見了。

「我們是希望各強國來幫忙的，只告被壓迫民眾，不是要他們國內的被壓迫民眾起來革命嗎？結果會引起他們的反感。」

「就文中的帝國主義的名詞也不妥。這是罵他們的話呀！」

會議中又發生了低調，於是這會議也就草草了事。

「高調」高過於抗日，「低調」又低到不敢說帝國主義，於是不高不低的「抗日」意義，在這樣夾攻之下消失了。

一個為了許多曲折不曾散布得很普遍的東西，附錄在下面：

致全世界著作者及文化團體書

日本於一九三一年九月十八日佔據瀋陽，侵略我東北四省，殺戮掠奪，無所不為，其帝國主義之侵略面目，早已為全世界人士所共悉。乃日本看破中國政府之鎮靜不抵抗，復利用各帝國主義國家之共同默契，歷在天津、青島、福州、汕頭、武漢、上海、南京等各重要都市，或指揮軍隊，或利用浪人，更向中國加緊進攻，屠殺民眾，其暴行不一而足，無待列舉。

一九三二年一月廿八日，上海日本領事忽發出最強硬之最後通牒，中國政府已經正式屈服，日本外交官憲亦公稱滿意，經時不及五點鐘，上海駐在之日軍突然偷襲上海華界區域，上海之華軍負責抵抗，日本乃實行不宣而戰之慣技，發動海陸空之巨大軍力，利用大炮機關槍飛機炸彈及軍艦等之新銳武器攻擊中國軍隊，同時對於一切都市設施及文化事業極力破壞。上海及其附近之大小車站均被日人炸焚。商務印書館為中國最大之出版機關，東方圖書館為上海華人所設最大之圖書館，均遭日人炮毀，僅餘瓦礫。上海北部各大學，如復旦、同

濟、持志、暨南、商學院、法學院、勞働學院、中國公
學等已均作日軍炮火之犧牲。永安紗廠，三友實業社等
各大工廠，已都被日軍所破壞。總之，此次日本所引起
之兵災而失業之工人將在七十萬人以上，失學之青年約
在十餘萬以上，而流離失所之人，尚不在此數。尤可恨
者，日軍兵士及日本浪人，對於毫無抵抗之人民，肆行
殺戮。雖婦女孺子老人病夫，均不能免其毒手，青年學
生及知識階級所受迫害尤為慘酷。

　　本會為中國著作者所組織，純然為一文化機關，決
非徒激於民族感情，而故為誇大之宣傳。我等以為日本
帝國主義此種暴行，實為全人類之恥辱，不僅破壞中
國，實足以危害世界文化之全體，現在第二次世界大戰
之危機，如箭在弦上，稍觸即發，日本甘為戎首，暴厲
恣睢，將來戰局擴大，必致引起世界大戰，則全世界人
類均有身受此種災害之危險。著作家、思想家、文學
家，及各文化團體，素為人類之指導，社會之先驅，宜
覺悟危機之將來，奮然肩起喚醒民眾之責任，大聲疾
呼，使全世界民眾明白認識所謂和平云云，已成外交上
之辭令，第二次世界大戰迫在目前。而日本進攻中國實
為大戰之導線，故必須全世界民眾一致起來反對日本帝
國主義侵略中國，使其迅速由中國撤兵，反對各帝國主
義國家停止一切朋比日本瓜分中國之陰謀，尤必須全世
界民眾一致起來擁護中國革命，使中國民眾能以自己力
量完成革命。如此，則一切紛爭可以消滅，第二次世界
大戰可以預防而世界民眾所欣求之真正和平可以建立。
此舉關係於人類幸福，文化前途者至為重大，中國著作

者敢以最熱烈之誠意，要求全世界著作者、思想家、文
學家及一切文化團體一致興起，共同奮鬥！

江北人

二月二十八日

　　一個弄堂口上，貼著一張告江北人的傳單：
「我們江北人呀！不要丟臉呀！你們不幫自己，反幫
日本人做漢奸，這是對不住祖宗的事呀！快快醒來！
快快醒來呀！

江北一份子白」

　　自抗日戰爭開始以來，江北人是夠受了罵了。上自
達官貴人，下至輿臺皂隸，沒有不罵江北人的。甚至救
濟難民的團體兼做送江北人出境的工作。而江北的黃包
車夫被雇客故意問到籍貫的時候，也迴避著江北，「阿
拉南京人。」他們想，做國都的地方應當出好人的。

　　其實江北人並不是生而為漢奸的。「貧窮饑餓」實
在威脅著他們做漢奸，同時國家對他們實在沒有好處，
既不能使他們有飯吃，並且也沒有給他們教育受，他們
是不大清楚什麼是做得的，什麼是做不得的，這樣的國家
他們要來幹什麼，實在使他們覺得「國家」不如他自己
的「生命」好。

　　最可惡的那些受夠了國家的好處的人們，國家給他
們權來虐待人民，國家剝奪一般民眾的血與肉給他們供
養，而他們一點不愛護國家，他們實際是漢奸的領班！
而罵他們的人沒有罵江北人的普遍。

　　「竊鉤者誅，竊國者侯，」此千古一例的不平！

田漢與張瑛

三月一日

鄭伯奇來，漫談中偶及田漢。

「壽昌住在江灣，不會受危險嗎？」

「聽說他在地洞裡躲了些時。」伯奇說。

「我是去日本以後就沒有見他了。聽說他很窮，戰區的地洞裡吃些什麼呢？」

「是呀！前些時小孩吃牛乳都沒有錢。」

我忽然由田漢想起張瑛：「張瑛近來有沒有消息？她和壽昌究竟是什麼關係？」

「誰也不知道，就她的履歷也沒有人知道。」

去年我沒有離國以前，她住在北四川路永安坊的一個小亭子間裡。生活似乎很苦，又似乎不差。平時穿的藍布大掛，有一晚在施高塔路附近遇見她，一件很華貴的紫羅藍色的露臂西服，給她打扮得更甚於平時的漂亮，幾乎使我不認識了。

許多人都覺得她是一個不可測的怪人。

我初見她時，好奇心就使我追索她的來蹤去跡。

第一面是壽昌生日，在壽昌家裡認識的。

「這是王先生，這是……張小姐吧！」壽昌遲疑了許久，才這樣介紹了。當時，我已經很注意這遲疑。

次日，我問壽昌「張小姐是怎樣一個人？」壽昌笑笑：「到俄國留過學，就算姓張吧。」這是壽昌的答覆。

壽昌非常稱譽她的思想，他自認其思想的轉變與張小姐有關。有一回，寧波某學校請壽昌講演，她伴著

去，中途幾次談話，就使他的思想轉變了。

　　壽昌是個性很強的人。只有他自己的才是對的，而他的個性竟為一個女性所克服，這女性的魄力就真可驚了。

　　後來遇著留俄的，我就探問關於這女性的消息，終探不出她的究竟。不但來歷探不出，她和壽昌的關係探不出，就連她的職業姓氏也探不出。

　　她曾經在新華藝專教過社會意識學，後來據她自己說在一個很奇怪的人家有點小職務。什麼職務呢？她不說。就壽昌也似乎不甚清楚。

　　許多人因為她的踪跡不明，懷疑她是參加了某組織的秘密工作，而某組織中人又正在懷著同樣的驚疑去探問她。

　　「據說她姓李，是北平的一個大族。」伯奇說。

　　這使我更增加許多幻想，是富室的逃妾嗎？是不滿意於家庭婚姻而逃出來的故家舊族的小姐嗎？這真是迷陣。

　　她曾經為李長吉評傳畫過一個很美麗的封面，可惜獻聲設計的很雅典的封面已付印了才收到，現在是無從向她表示謝意了。

退兵之日

三月二日

　　今天向戰事初起的那一天一樣的使全上海的人心陷於慌亂。

　　從前是慣於安定，現在是慣於砲聲。從慣於安定到

忽然聽見砲聲，可以造成一個慌亂。從慣於聽砲聲到忽然聽不見砲聲也一樣的可以造成慌亂。今天人人都有這樣不慣之感。

一個月來上海的人們，完全在砲聲中生活。就像在一個小書室有一架擺動得很響的時鐘，和朋友談著天，話沒有了，聽見的是時鐘的聲音；獨坐很靜寂的看一本有趣味的書，精神稍為弛緩些，聽見的是時鐘的聲音；失眠的晚上，正沉湎於過去的回憶或戀愛的餘甘中，或者一個有味的想像抓住了你，或者煩苦著你的是現在不滿足的生活，會忽然被一兩下時鐘擺動的聲音所驚醒，而你的生活暫時就交給了牠，有程序無感情無理智的搖動你的夢魂，像母親給你搖搖籃似的搖你的夢魂，也許搖給你半宵的甜睡。這一個月來在砲聲中的生活完全就是這樣。

並且時鐘還可以告訴你的時候，砲聲也可以告訴你的消息。砲聲很密，自然打得凶，砲聲疏，大概戰事就鬆了一點。砲聲響得很，大家都高興，表示中國兵打近了租界；砲聲小些，當然是我軍敗退了，大家都愁眉蹙額的。不過無論砲聲是遠近疏密，總表示兩方面在打，大的勝負還沒有分。今日是砲聲停下來了，同時生活也就失了憑依。

今天很多朋友都來看我們，我們也像不安於家要去找許多人似的。自然都不是為著什麼特殊目的。都知道砲聲總歸要因為我們的敗退而停的。日本四易司令，屢增援兵，而我們則除第十九路和第五軍外一個援兵也沒有。軍械又不足，敵軍又在瀏河上岸，我軍後面、側

面、前面都受敵，我們有什麼辦法可以不退呢！但是我們總想無目的的到處問問，無目的的到處聽聽。

如果真是盡了人力而被打敗還無可說，前好幾天 C 總指揮已經料定瀏河會有敵軍上岸，而自己的兵又不敷分配了，□□的軍隊則早已到了無錫、蘇州，而他們是開來搶老百姓的，不肯開來防守瀏河。瀏河就這樣的斷送了，在前敵苦戰的十九路軍、第五軍就這樣束手無策地退下去了！

我們想去閘北看看。事實明知閘北不能去，而閘北也沒有什麼想不到的事情。無非從前的繁華變成悲慘，無非從前許多房屋變成空地，許多平地變成蜂巢，許多早已活不下去的貧民解決了他們的問題：變成漢奸或肉片而已！

將軍獻圖

三月三日

三月一日，各報發現王賡被捕的新聞：

日海軍兵士在租界捕我軍官王賡

大美晚報云：「上星期六、日在禮查飯店為日水兵拘去之王某，今悉乃中國第八十七師中第二獨立旅旅長王賡將軍。十餘年前畢業於美國西端陸軍學校。當被拘時，曾為工部局警務人員所見，因商諸日水兵，將王解至虹口捕房訊問。但到捕房後，仍由日水兵挾之而去，不知所往，按日當局曾與工部局當局非正式商妥，凡公共租界內跡近嫌疑者，應由日本陸軍或海軍衛兵申請捕房中人拘之。但此次拘王並不依此手續。據日人聲稱，

王係閘北華軍司令之一之故。王則堅稱，渠至虹口乃訪美領事署，而不知該署已移江西路。因日水兵向之盤問，故避入禮查飯店。不意日兵竟追入拘之。十九路軍參謀處今日（二十九）已向駐滬各國領事提出抗議，謂不攜武裝之中國軍人，在租界內得以任意逮捕，則此後中國傷兵入租界，亦可由日海陸軍加以拘禁矣。領事團與工部局，今日正午，尚未接到此項正式抗議，但聞各領事署與工部局，今已從事澈查矣。」

三月二日報載：「警備師獨立旅旅長王賡，被日陸戰隊在禮查飯店內帶去，拘禁於日軍司令部。昨經領團與日方交涉，結果業於午後恢復自由。惟所攜文件，被日方扣留數件，未曾交還。」

外間對於這件事有下面的幾個傳說：

一、王賡為日人以重價所買，是去獻圖的，所以輕易釋放出來。

二、王賡是在禮查飯店看他的前妻陸小曼的。（徐志摩之妻）

三、他到日軍防區，長衫下露出一雙皮綁腿，因此被日軍所疑。

關於這個事件，獻圖未免傳說過甚。不過：

第一，戰時日軍防區，就平常人也不願冒險，何況是一個在前敵作戰的軍人。

第二，便服經過日軍防區，尚須種種留難，或無辜拘捕，為什麼穿皮綁腿入日軍防區。

第三，王賡係美國畢業，並常在上海，美領署遷移豈有不知道之理。

第四，王賡非外交官，且未受有任何外交使命，有什麼
　　　原因去找美領。

第五，即有私事非冒此大險不可，何必攜其重要公文
　　　皮包。

　　根據以上各點，至少可以說，王賡是過於疏忽。疏
忽之罪，在平時很輕，但在此作戰的時候，全軍生死肉
搏，全國民眾——尤其是前方民眾毀家援助，所獲得的
一月死守的成績，輕輕斷送於一人的疏忽！如國家尚有
賞罰，王賡當死！

　　又在前方作戰的時候，自當以全副精力以對付敵
人，死守吳淞之兵士，整天整晚的炮聲音在耳朵裡轟了
一個月，轟得精神失常，連吃喝都不知所措，然而還是
死守。豈有一前敵指揮作戰的旅長，而輕裘緩帶入租界
之理！這「疏忽」至少表示他對此次作戰無誠意，若國
家尚有賞罰，王賡當死！

民族戰的尾聲

三月四日

（1）火一般的狂熱燃燒著群眾

　　自前天退兵的消息傳來以後，悶得像心頭關閉了一
顆炸彈。

　　「我們真不中用，喜怒哀樂，都給他人製造的消息
支配，自己固不能製造消息支配他人，也不能自己製造
消息支配自己。我們應當做製造消息者，不應當做消息
的被支配者。不中用的奴才，弱者，才天天被政治上
的寡頭製造消息來支開自己的笑口，或壓下自己的眉

頭。」有時我自己是這樣想，這樣自恨。今晨報紙送到枕上來時，鹿搶著看，我僅僅瞄著第一個題目，就翻身閉上眼睛睡：「狗才再看他人所製造的消息！」口中喃喃自語。

龔彬、秋原、農山出主意，湊合所有的錢來喝一頓酒澆息一下心頭的悶火。也好！雖然前天我們曾借用一度酒力而終歸於失效，今天不妨再來一回。下午我出去了一趟，回家時，鹿和叔舉、子英、芳艸全家都先上都益處了，我一個人上了二十二路公共汽車，在毫無生氣的電燈光籠罩著的街市循著每天的舊路機械地駛著。電車上每個臉孔都討厭，外國人高突著鼻子像誇耀他們的驕傲的天生的稜角，平板的中國人的臉拚命在委靡不振的雙肩上局促不安地擠在中間，真覺得可憐與可鄙！

到大世界了，我隨著許多人擠下電車。拍……拍……幾響鎗聲衝入雲霄使我頹懶的腦筋緊張起來了。許多人一下車就駭得四處奔竄。我頓住一下腳，向鎗聲起處探望。右面似乎起了一陣紛亂，但人擠得不少，而且店鋪裡的人很多擠出來看的。我想「不會有事吧，這是英國洋大人的區域。」我就向鎗聲起處跑去，接著鎗聲愈來愈密，愈響愈近了，群眾也愈集愈多了。我擠入人群裡面去聽。「我軍打到麥根路了！」「日軍狗司令白川打死了，」「我軍奪回真茹了！」從這些零碎的消息裡，才知道是市民祝捷的狂熱，鎗聲是祝捷的爆竹。

我高興得發狂，悶的火已燒開了心門，驅使著我的腳步用極快的速度走上了都益處的酒樓。

「喝一杯，慶祝勝利！」從聲音的來處發現了鹿，

手中舉著一杯酒，我接過來喝乾了，鹿仰著脖子也倒下一杯，「荷！荷！」許多沒有望清臉孔的人從狂呼的聲音中，各各舉起他們的酒杯望口裡倒。狂亂了一陣大家才坐下來問消息。並且這才看清了滿座的人是：仲雯、天白、亞南、農山、秋原、龔彬、芳艸、秀水、蘊芳、子英、叔舉和鹿。

「事是怎樣起的？」我問。

「起初僅僅很疏的幾響，我們以為是鎗聲。問茶房，茶房說是日軍殺來了，當時街上的群眾很慌亂，後來覺得響聲不同，而且看見放爆竹，又以為是什麼舊歷節氣，我們還在罵那些人國難當前作什麼樂。直至聽說白川打死了，才樂起來。」幾個人接著這樣陳述。

「你沒有驚著吧，錫。我們正念著你在下車時會受驚呢？在我簡直會嚇得跑。」鹿很擔心地問。

我說述了我的經過。大家又作一陣忼惻，大概認定收回真茹有可能性，白川戰死定是謠言，打到麥根路是更不可能；不過至少我軍總打了一個勝仗。

外面的群眾更熱烈了，不但爆竹聲更密更擴大，就群眾的歡呼聲也夠把整個上海撼動了。大家都吃不好，時常到樓口去看，鹿更是發狂得跳出跳進，除喝了幾杯酒以外，什麼東西都沒有吃。

菜沒有吃完，實在耐不住。大家都扔下跑。秋原、龔彬、農山三人要開錢。芳艸夫婦有小孩要坐車先回。秀水在人叢中失了伴。就只我和鹿，叔舉、子英提著爆竹在人群裡飛跑。叔舉從來走不動，也毫不費力地跟著：鹿邁著小腿跟著裝滿貨車的群眾像發了瘋。我真怕

汽車壓著她，一面叫口號，一面照顧她，管不到自己。忽然一個大汽車的車輪壓住了我的腿，差半寸就得斷送一隻腿了。我躬下身，兩手用力把車往前推，連喊叫都忘記了。好在後面叔舉看見才揚手止住汽車前進，他們才知道壓著了人。車剛退後，我抽出了足。骨頭都壓得軟了。鹿抱住我的腳著慌的問：「怎樣了？錫，怎樣了？……」我顧不到一切叫著口號又向前飛跑了。

群眾真狂熱！每一輛電車、汽車、大搬場車上都站滿了人。車每停下一次，加上一群人，甚至電車、汽車的頂上都給人站滿了。撐著國旗在車頂上飄蕩！有的騎著腳踏車一手按著車提著邊爆，一手揚著國旗。除了很少數的人叫著較長的口號：「打倒日本帝國主義！」「中華民國萬歲！」以外，都是荷荷荷……最簡單的悲壯的歡呼。徒步的群眾像大河決堤一般到處沖流，悲壯的喧呼像大河激盪所發出的洪大的聲音，街上一群美國兵士坐車經過，也為群眾的狂熱所傳染著揮舞著帽子高興的向群眾作附和的狂呼。

「全上海都是這樣狂熱嗎？我們看看英大馬路、四馬路何如？」我提議。

「好的，今夜就這樣瘋狂到天亮吧！」鹿說著就向大馬路橫過去了。

我們一直衝過英界幾條馬路，都一樣地熱鬧，擠不開人。我們的一群，也沿路增加了，時來時去的總跟著千幾百人。「如果有計劃，有組織的來領導這個運動是真可轉變為巴黎公社式的暴動了。」我想。

大馬路走了一段，又轉回法租界。我們想法人是和

日本一致的，法捕一定會壓迫民眾狂熱的運動。但，民
眾的狂熱是什麼力量也壓不下的。法租界的民眾竟是一
樣地瘋，沿途的雷一樣的爆竹聲巡捕是沒有辦法干涉
的。法國巡捕瞪著貓似的眼睛縮在一旁不敢做聲。我們
同著一路上裹挾著的群眾向霞飛路上衝，我們簡直覺得
像在做書或在革命了！

　　本來，革命就是這樣，弱者反抗強者，被壓迫者反
抗壓迫者，所恃靠的，就是群眾熱情所凝結的力，就是
群眾憤怒所精鍊的武器。陳勝、吳廣揭竿而起可以破滅
堅甲利兵的強秦統治，法國市民的暴動可以取得政權，
俄國工農的武力可以推翻沙皇的統治，土耳其可以戰勝
摩洛哥，中國無重炮，無高射炮，無飛機，無炮艦以及
一切近代精銳的武器的十九路軍可以與日本撐持一個月
之久，以及今晚街上手無寸鐵的市民可以鎮懾法帝主義
強爪利牙的巡捕的驕威，都是這個原因。

　　這一回，真是反日民眾的狂熱暴發，真是自發的群
眾運動，能有目的與領導與組織，牠將成為如何的一個
偉大的運動！假使能使這些赤誠的反日民眾武裝起來，
他們將真能成為民族鬥爭的前鋒！呵！反日民眾中蘊蓄
著何等偉大的一個力量呵！

（2）洋牢一夜記

　　到呂班路，示威性的狂歡的群眾已經漸漸的散去
了。金神父路口簡直就很少有人。我們看看錶，知道過
了戒嚴時期，還不大相信今晚仍然戒嚴。直到亞爾培路
轉角的地方，我們就遇著惡魔了。

　　「Pass」法巡捕攔著路，像一隻養得肥肥大大的守

門狗。

「我們的家轉彎就是。」我說。

「不成，沒有 Pass 到那面去站著。」

望望那面的角上果然站著一群人。我們還爭辯著，他們兩三個人來攔阻，通過是真沒有辦法了。

「女的可以回家，男的不成！」巡捕準備放鹿和叔舉回去。

「去就一同去吧！」鹿一扭就向一群人那面跑。

那邊的群眾完全不像剛才狂熱所燃燒著的市民，一個個靜靜地，有些還高興談笑著等候大車來裝運到巡捕房去。

我勸鹿和叔舉回去，「我和子英是男人，身體受得住，一夜不要緊，你們既然可以回去，何必同去受這樣無謂的罪？並且叔舉是客，身體太壞熬不得苦，弄出些病來亦不是好玩的。」說得她們有些同意了。當大車來時，巡捕忽然變嘴了。「無論男女都得去的！」雖然後來有一個巡捕仍然說女子可以不去，終於是我們都憤然上車。「你這班可惡的狗！」我不按住氣，就踩足瞪著一個法國巡捕罵。他就舉起棍子，像要打的神氣。我真氣了，兩眼直直的瞪著他，眼珠像要跳出眶子外似的。

到巡捕房因為我們鬧得厲害，帶到審問間裡審問。我們都氣得吵起來。鹿怕我會吃虧，轉而平下氣來勸我。我說：「你們回去，我就不擔心，可以安靜的獃一夜下去了。」「好吧，我們就回去，可是你千萬忍下眼前的氣，不要吃他們的虧。」她們送回去之後。我們也就忍著氣不做聲，於是我們就同一群新載來的人驅入一

間房裡。

只有四尺長六尺闊的一個小房，關了兩百多人，前後各一個閉著的玻璃窗，不透點空氣。悶一刻，真難過極了。

我同子英又嚷起來，跟著就有人撼玻璃窗。也有人低低的在說：「哇拉哇拉鬧什麼，既然進了就安靜些吧！」

砰的一聲門開了，又送進幾個人來。「我們要空氣！不能待遇我們這樣慘酷！」我嚷。「這是中國人的恥辱，他們不把人當人！」新進來的幾個人中一個長髮的青年跟著嚷並且注視了我一眼。

「空氣明天有！」巡捕不理睬地砰的一聲關上門走了。

我真氣，和子英用拳頭搥玻璃窗。我想搥破了不過把我們多關幾天，至少使他們知道中國人不是那樣馴羊似的，有許多人跑來阻止，怕連累他們。

大概在捕房很少有這樣目無法紀的犯人，所以要特別給我們懲罰。停一會把我們放出去，驅入另外一間房裡。進了第一道鐵門，就是一條流滿了尿的小巷，小巷排著四、五間小房，第一間是比前面那一間還小一半的鐵門關著的房子，那就是給我們站一夜的房子了。人關得住，尿是關不住的，小房的地上到處流著。

「我們不進這無人道的房子」，我嚷著衝出來。

三百多人都跟著我衝。荷荷荷……蠭擁地嚷，頗似是曳著今晚群眾反帝國主義者示威的殘聲。

幾個武裝的法國巡捕出來撳著人捧進去，撳一個捧

一個。我雖叫抵抗，他們卻無抵抗地擁進去了。每進一個，背脊上跟著就是砰的一拳。我想，如果打到我身上時，我定和他拚命。最後一個輪到我了，幸而未著他一拳。他瞪著一雙狗眼望望我瞪著的眼睛。

這時是真沒有辦法了。兩道鐵門，三面牆壁，鬧也鬧不出什麼來。只好按住火靜著。

巷裡的尿酸，一陣陣衝得噁心。人是牙籤在筒裡密密地插著一樣，轉動也轉動不得。長髮青年站在我身邊。前面站著一個很老於世故一般的小鬍子，一雙鼠眼不時的轉動，表示他的機警。

「我早勸他們安靜些，不肯聽！現在好了，空氣是有了，只是有點味兒不好受。」小鬍子表示他的預言應驗了，並且在語氣中表示一點滑稽的諷刺。

「真的，現在可比從前好了！」一個應和著。

「我說了已經進來了就安定些，哇拉哇拉鬧些什麼？現在鬧得好啦！」又一個應和。

責難都來了。

「我們又可以得一個新經驗，是不是？」我對著長髮青年說，我覺得四周都是些不中用的蠢物。

「對啦，一個新經驗。」他同意我。

「我們中國人太不守秩序了。到洋牢裡也應當守點秩序給外國人看啦！」一個很溫文的紳士臉孔配著紳士服裝的人說。

「哼！鐵的秩序！」我指著兩道鐵門望望長髮青年。

「鐵的秩序！」他又附和。

「不要鬧了」，一個操上海語的嗶嘰長衫的阿Q

說：「我們總還算好，遇著法國人會給我們安定地站一夜，到日本街早給槍彈打死了。我們總還算運氣！」

「那自然」，退一步想，自然就抓住我們貴國的群眾心理了，許多人覺得他的話對，不期然這樣同聲說：「只怪我們自己在戒嚴的時候出來，那怪得人家呢！」

「這是犯人住的地方，而我們並沒犯法呀！」一個福建口音的人表示不佩服他的論調。

「這是講事實，不是談法律的。」小鬍子表示他才能充分的理解這問題：「你過了時間，就得抓你進來；你再要鬧，就得把兩重鐵門關著你。這是事實，事實就是道理。」

我討厭這些無聊的可恥的爭論，因而擠到門口向第二間牢鎖著的鐵門的門口探望。裡面也一樣的像牙籤似的一根根擠得緊緊的。

「喂！你怎麼進來的。」我問一個靠在鐵欄邊的朋友。

「我在街上做點小生意，沒有錢納稅，被巡捕看見捉來了。」

「你家裡還有幾口人？」

「母親，老婆，還有一個兒子，兩個女兒，專靠我偷偷摸摸的賣點東西過活，現在在家裡餓肚子了。我真不懂，自己苦苦的賣點東西還得要給他們錢。」

「他們替我們保護啦，沒有他們，街市就沒有秩序，汽車會隨便撞壞人，賊強盜會到處搶東西。」我身旁又有一位懂得「道理」的知識份子在說明理由了。

「我們用得著什麼保護？衣在身上，吃在肚裡，命

值不得幾文錢。我覺得只有有錢的人用得他們著，我們只是常常被他們捉進洋牢來，不許我們賣東西吃飯。」

「你常被捉到此地來嗎？」我問。

「可不是，一年至少得十幾次。」

「那你不覺得苦了？」

「可是站著不睡的味兒也不好受的。」

尿酸更衝得難受，真想作嘔，只好又擠進去，站在從前站的地方，離小巷子遠些，氣味總好些。

他們依然很熱鬧的在談話，我也參加了。才知道他們都是參加今晚的狂熱的群眾運動來的。小鬍子是戰地難民臨時救濟會派去打聽消息的。「大概今天群眾狂熱的由來，是兩個原因：一個是電報局得著白川戰死的消息，而送報的很熱心騎著自行車到各商店去報告的；一個是無線播音機傳播的。並且日領館確實下了半旗，大概白川之死是不會假的。」據小鬍子說是從許多地方探來的這點消息。

第一位紳士服裝的人是真冤枉，他聲明他沒有這樣好無聊的熱鬧，他僅僅是出來投兩封信就被攔著不許回去。他說：「我才真冤枉！……」好像別人家是罪有應得似的。真的，在他看來，他是沒有什麼破壞秩序的行為的。

長髮青年是「罪有應得」，因為他也參加了運動，還帶了一位穿綠旗袍的小姐。當他被送進牢獄的時候，還很殷勤的囑咐：「請你們好好地把那位綠衣小姐送回家去。」所以不待他敘述，我們就知道他同行還有一位小姐了。不過也是事不湊巧，在戒嚴期已經回了家，

因為出來在過街的小館子裡吃一碗麵，回來時候就被捉著了。

其餘許多人大約都是參加這個熱鬧的。

在參加群眾運動時，一切人都是火一般的，靜下來在牢獄裡，東方的容忍和自慰的阿Ｑ精神就復活了。所以那位主張守秩序者的話是很發生效力，而那位把在日租界的危險的比例來作安慰的道地的上海口音的人，是更博得群眾的歡迎。

小鬍子問及我的姓名，「我姓劉」，我隨便應付了一下。那位長髮青年，似乎嫌我答覆得太簡單了，輕輕的再探問一次：「我似乎和先生很面熟。」我只好說了真姓名。他自己說也姓王，是復旦大學的學生，並且說看過我許多文章。他於是問我對於昨晚事件的意見。我說消息的真假是另一問題，群眾的狂熱是可紀念的。隨後我和子英、姓王的青年就一直談下去了，談到復旦的情形，被難學生的狀況，以及反日戰爭的許多問題。這樣才站立著支持到早上四點鐘被放出來。

夜深，巡著靜寂的街道走著，涼爽而清潔的晨風一直從善鐘路捕房送我們用輕快的步履奔馳到家。

鹿一直沒有睡，在等著我。

（3）又被他人製造的消息支配了

早上，聽見送報的敲門，慌著跳下床去取報紙上來看，什麼好消息也沒有！

傳聞昨天的消息是某某為著某種政治作用製造的；又有一個消息是某某為著做公債製造的。

又被他人製造的消息而且是假消息播弄了一回！

血賬

　　在日記中關於每天所記載的簡單的戰事消息，抽出來集合在一起，對於這次戰爭的始末，可以看出一個輪廓。就算是這次血戰的一筆流水賬吧！

一月十八日

　　日方傳出消息：日本僧侶五人，在今天行經引翔港、馬玉嶺，被三友實業社工人毆傷。

一月二十日

　　上海市引翔港三友實業社工廠，於今晨二時半左右被日本暴徒縱火焚燒。損失：廠屋焚毀七間，織布機二十餘具。西捕被毆傷。

　　下午日僑開上海日本人居留民大會，決議請日政府派兵來滬，遏止抗日運動。

　　駐滬日本總領事村井倉松藉口十八日有日僧五人在引翔港被人毆傷，向上海市政府抗議，提出四項要求：

　　　1. 市長須對總領事表示道歉之意；

　　　2. 加害者之搜查逮捕處罰，應迅即切實施行；

　　　3. 對於被害者五名，須予以醫藥費及撫卹金；

　　　4. 關於排日侮日之非法越軌行動，一概予以取締，尤其應將上海各界抗日救國會以及各種抗日團體即時解散之。

　　上海市即予以口頭答覆，對前三條，滿口答應。對於第四條，表示取締非法行動，對於合法民眾運動不便取締。

一月二十一日

　　日領對三友事件向市長表示遺憾。

　　日領向工部局道歉。

　　日陸戰隊在同濟路、橫濱路各處示威。

一月二十二日

　　日人暴動案市府向日領正式提出抗議。

　　日陸戰隊謂民國日報紀載「日浪人藉陸戰隊之掩護」不符事實，要求該報道歉。

一月二十三日

　　日艦五艘抵滬。

一月二十四日

　　日航空母艦載飛機一隊到滬。

　　日陸戰隊登陸。

一月二十五日

　　日領促市長答覆日僧事件抗議。

　　上海各團體請市長拒日要求。

一月二十七日

　　上海民國日報被迫停刊。停刊啟事：「昨據公共租界工部局通知：『現因本埠形勢緊張，工部局董事會勸告貴報停版』等語，本報自即日起實行停版。」

　　市政府下令解散抗日救國會。並對於在公共場所開會，嚴加取締。

　　日續派飛機來滬。

　　日陸戰隊在浦東登岸。

一月二十八日

　　市政府答覆日領，全部接受其要求。

　　日海軍函迫我軍退出閘北。

　　水雷艦隊十二艦到滬。

總計日本在滬軍艦二十一艘，陸戰隊一千四百名，飛機約二十架。

下午租界戒嚴，公共租界，劃分防區，駐滬英軍司令為上海公共租界總司令，英將守虹橋防線，美將守海格路與蘇州河一段，日將守虹口（北區）與楊樹浦（東區），上海商團將守自浦江至海格路之中區。各捕房之巡捕與特別巡捕助守各鐵門與防禦物。法界關閉各處鐵柵。

晚十一時戰起。日軍分三路進攻：北路進至天通庵站開槍，隨即沿鐵路衝鋒；南路由虯江路，越寶山路，向北車站進攻；中路係吟桂路西進，與圖天通庵方面日軍聯絡，再匯攻北站。我軍奮起抵抗，北路日軍，幾全覆滅；中、南兩路戰至次晨，皆敗退。

一月二十九日

日軍續施攻擊，我軍抵抗，佔日司令部，華界無敵蹤跡。惜未追入租界，肅清敵軍，據有其作戰根據地，毀滅其在華侵略之產業也。

日飛機四處擲彈，炸毀京滬路、北站、商務印書館工廠及東方圖書館，閘北大火。

上海市商會通告各商家罷市禦侮三日。

義勇軍參加作戰者甚多。

日領要求停戰，英美居間調停，自晚八時起停止攻擊。

一月三十日

日艦運特別陸戰隊三千至滬。

市政府華人納稅會向工部局抗議日軍破壞租界中立。

日公使重光葵到滬。

一月三十一日

陣線無變化。

二月一日

上海日軍四千登陸。

上海繼續罷市。

英美軍艦來滬。

日艦再下關開砲。

蔡元培等電國聯文化合作委員會謂日摧殘我文化機關，請制裁。

二月二日

敵違約砲轟閘北，我軍憤而迎戰，全線戰事又起。

國民政府通電自衛。

英法海軍來滬。

英美提議停戰計劃五項：

1. 雙方停止暴力行為；

2. 雙方此後勿再有動員，或準備任何敵對行為；

3. 所有各接觸地之作戰人員各自撤退；

4. 設立中立區，分離雙方作戰人員，以保公共租界，該區由第三國軍警駐防，其辦法由領事團議定；

5. 兩國一經接受該項條件後，不提出要求或保留，即根據非戰公約暨十二月九日國聯議決案之精神，在第三國觀察，參與與協助下，迅速進行商議，以解決一切懸案。

二月三日

閘北劇戰，日猛撲北站被擊退，東嘉興路我軍進展。

日艦砲擊吳淞，吳淞戰事遂起。

市政府向工部局提抗議請制止日以租界為軍事根據地。

銀錢米業開市。

二月四日

日猛攻閘北吳淞又敗。

日派陸軍一師團來滬。

昨日下午四時，日兵用軋司林焚上海法學院，延燒至今日下午五時全部燬。

真茹暨南大學亦於二月初被燬。

英美所提議，日拒絕第二、五兩項。

外部照會各國，完全接受五項提議，惟將中立區及中立者字樣改為和平區及第三國字樣。

上海百六十同業公會反對設中立區。

日海軍易司令野村代鹽澤。野村本日啟程來滬。

商務印書館宣告停業。

二月五日

南京空軍第六、第七兩隊今日到滬，與日機戰於真茹空，下面防軍以步槍毀日飛機一架。

工部局接收虹口警權。

各業工會及地方維持會為十九路軍乞援。

鹽澤失敗，日易司令野村少將率陸軍四千餘人到滬。

二月六日

江灣路今晨砲戰，日攻八字橋被我包圍。

日發聲明欲迫我軍撤退。

日增侵滬軍費。

二月七日

野村計畫：限全力二十四小時攻下吳淞，再全力攻
閘北。

日軍全力進攻吳淞失利。

日軍衝八字橋受創。

日發表聲明：謂與他國同一目的行使租界防務責任
為限；如華兵不阻日兵行使職務，日不攻擊華兵；並謂
與東省事件全不關聯。

二月八日

日軍三路猛襲吳淞，血戰終宵敗退。

閘北激戰日軍中。

市政府通告各國總領，日軍利用租界為根據，損害
我不負責。

日外務省高唱對華干涉政策，並指五大商埠不設置
軍備。

二月九日

犯淞日軍大部撤退楊樹浦。

外長嚴斥日提議。

二月十日

前線無大變化，日在待援中。

日軍兩路攻襲閘北敗退，江灣路我奪獲敵鐵甲車。

江灣跑馬廳我軍布防。

日軍砲擊吳淞，日艦七艘偷襲被截獲。

市政府答復美總領：申明租界領空主權我國從未

放棄。

　　美、英、法使為調停滬案，由南京起程來滬。

二月十一日

　　日機炸毀永安紗廠第三廠。

　　日增兵萬人來滬。

　　日兵焚燬持志大學。

　　日兵違反國際條約，使用達姆彈。

　　市商會函工部局請制止日軍虐殺行為。

　　英政府反對日本增兵來滬。

　　今晨停戰四小時，救濟閘北戰區難民。

二月十二日

　　吳淞砲戰甚劇，韓家橋日兵偷渡失敗。

　　日飛機炸水災救濟會災民收容所，總幹事英人辛博森電告國聯。

二月十三日

　　敵以煙幕彈掩護偷渡蘊藻濱，在北岸曹家橋登陸，張炎旅奮勇奪回，敵幾全軍覆沒。此次為空前大戰。

　　飛機在太陽廟炸落日機。

　　商聯市民會等通告停付捐稅。

二月十四日

　　野村失敗，敵易司令植田中將率陸軍第九師團約二萬人到滬。

　　江灣日司令部被我軍佔領。

　　日軍第九師團二萬人，五千登陸。

　　吳淞、江灣各大學被日兵砲燬者有：同濟大學、商船學校、水產學校、中國公學、中大醫院、勞働大

學等。

二月十五日

敵砲轟吳淞甚烈，損害民房甚多。

日軍布置換防，時向閘北方面開砲示威。

英、美、法、意四公使於前日到滬。擬運動和平。

二月十六日

日政府決令植田司令向十九路軍提最後通牒。

吳淞方面紀家橋激戰終宵，我方憑河堅守。

江灣路激戰係威嚇性質，自日軍變更戰略後，傾全力猛攻吳淞。

二月十七日

閘北方面，敵以大砲轟擊。

十五至十七，日準備大戰，工事甚忙。

二月十八日

上午我軍與芳澤在英領署談判決裂，下午日本司令植田謙吉向蔡軍長致哀的美敦書：「日本司令植田謙吉致蔡軍長通牒，本職基於欲以和平友好之手段，達到任務之熱烈希望。茲對於貴軍通告左開各件：

一、貴軍應即從速中止戰鬥行為，於二月二十日午前七時以前，將現據之第一線撤退完了。於二月二十日午後五時以前，從黃浦江西岸，由租界西北端，連結曹家渡鎮，周家橋鎮，及蒲淞鎮之線起算，黃浦江東岸由連結爛泥渡，及張家橋鎮之線起算，各從租界境界線，向北二十基羅米突之地域（包含獅子林砲台）內撤退完了，且在該地域內撤去砲台，及其他之軍事設施，並不新設之。

二、日本軍於貴軍開始撤退後，不行射擊轟炸及追擊動
　　作，但用飛機之偵察，不在此限。又貴軍撤退後，
　　日本軍僅祇保持虹口附近之工部局道路地域（包含
　　虹口公園之周圍）。

三、貴軍第一線撤退完了後，日本軍為確認其實行起
　　見，派遣有護衛兵之調查員，於撤退地域，該項調
　　查員攜帶日本國旗，以資識別。

四、貴軍對在該撤退地域外，上海附近之日本人生命財
　　產，應完全保護之，此項保證如不完全，日方當採
　　適當之手段。

五、關於在上海附近（包含撤退區域）外國人之保護，
　　容另商議。

六、關於禁止排日運動，一月二十八日吳市長對於村井
　　總領事之約諾，應嚴重實行。

　　　關於此項，當另由帝國之外務官憲，對貴國上海行
政長官，有所交涉。如以上各項不能實行時，日本軍將
對貴軍，不得已採自由行動，其結果所生一切責任，應
由貴軍負之。昭和七年，二月十八日午後九時，大日本
帝國司令官植田謙吉。第十九路軍蔡廷楷閣下。」

二月十九日

　　我方駁覆日方通牒。

二月二十日

　　晨七時二十分植田下總攻擊令，向吳淞、江灣、閘
北全線進攻。

　　敵在八字橋大潰。

　　外部抗議日通牒。

二月二十一日

敵攻江灣不遂改攻八字橋。

廟行鎮與敵在相持中。

二月二十二日

廟行大戰，為曹渡家以後第二次大戰，自二十一日起三十小時不休，敵傷亡二、三千人。

日卒被迫放棄廟行正東陣線。

二月二十三日

自二十一日起至今日，全線大戰。

敵另以生力軍由金穆宅所設之支撐點再事反攻，仍失敗而退。

江灣方面，生擒敵十九聯隊之西尾少尉。此次為有名之江灣大戰。

二月二十四日

天明，敵大舉三路反攻，三小時即敗退。

二月二十五日

江灣在我軍全線為突出部分，守之費力，現一切障礙已毀，今日我軍放棄江灣。

小場廟方面敵擬偷渡，並以新到陸軍九千餘人由江灣線起沿小場廟、竹圍墩、趙家宅、孟家宅等處，先以重砲連轟，激戰到午十一時，我預備隊增援反攻，截斷敵左翼，另一路向敵右翼肉搏，敵遂潰退，此我以少勝眾，獲槍彈甚多。

二月二十六日

杭州筧橋飛機戰。

二月二十七日

敵軍部開會，討論滬戰宜速戰速決。

第十四師團續到三批，共萬七千餘人。

二月二十八日

自二十六至今日，前線無大戰。

二月二十九日

今日敵攻擊最烈，全線大戰。

敵初以新到生力軍猛攻八字橋，旋仍退。

議和呼聲又起。

夜猛攻八字橋，五得五失。

白川以大軍由瀏河登陸，抄襲我後方。瀏河原有防軍兩團，已調援江灣、廟行。□軍已到蘇州無錫不肯前進填防，使敵得以乘虛。腹背受敵，我軍不退，必全部覆滅無遺。

三月一日

我軍主力秘密向南翔崑山之第二防線引退。退兵時，當給敵人以重大打擊，故敵未察覺。

翁旅仍死守吳淞。

三月二日

國人願翁旅保全實力，勸其撤退。

三月三日

翁旅一面派前鋒繼續作戰，一面向月浦瀏河方面撤退，下午五時，全部撤盡。

民國史料 43

一二八淞滬自衛作戰史料

Historical Documents on
Shanghai Incident, 1932

編　　　者	民國歷史文化學社編輯部
總 編 輯	陳新林、呂芳上
執行編輯	林育薇
文字編輯	王永輝
排　　版	溫心忻

出　　版　　**開源書局出版有限公司**

香港金鐘夏愨道 18 號海富中心
1 座 26 樓 06 室
TEL：+852-35860995

民國歷史文化學社 有限公司

10646 台北市大安區羅斯福路三段
37 號 7 樓之 1
TEL：+886-2-2369-6912
FAX：+886-2-2369-6990

http://www.rchcs.com.tw

初版一刷	2020 年 12 月 31 日
定　　價	新台幣 350 元
	港　幣　90 元
	美　元　13 元
I S B N	978-986-99750-3-2
印　　刷	長達印刷有限公司

台北市西園路二段 50 巷 4 弄 21 號
TEL：+886-2-2304-0488

國家圖書館出版品預行編目 (CIP) 資料

一二八淞滬自衛作戰史料 = Historical documents
on Shanghai incident 1932/ 民國歷史文化學社
編輯部編 . -- 初版 . -- 臺北市 : 民國歷史文化學社
有限公司 , 2020.12

面；　公分 . -- (民國史料 ; 43)

ISBN 978-986-99750-3-2 (平裝)

1. 一二八事變　　2. 史料

628.45　　　　　　　　　　　　109019814